Erklärung der Symbole

Tafel: Hinweise zum Kapitel für Helfer

Fahne: Projekt/Rallye-Aufgabe

Info-Schild: Interessantes zum Thema

Inhalt

Lernen - Lehren - Helfen

Zu Ziel und Zweck

Der Erwerb von Grundkenntnissen in der deutschen Sprache gilt als Grundbedingung für die Orientierung in der fremden Kultur und als wichtiges Mittel der Verständigung in Bezug auf lebensnotwendige Erfordernisse des Alltags, wie der Gesundheit, des Aufenthaltes, des Verkehrs, der Ernährung oder auch der gesellschaftlichen und politischen Spielregeln und Normen. Mit dem Projekt „Lernen – Lehren – Helfen" unterstützt das Institut für Deutsch als Fremdsprache der LMU gemeinsam mit dem Staatsministerium des Innern, für Sport und Integration, die Asylbewerberinnen und Asylbewerber auf diesem oft schwierigen Weg mit hohem persönlichen Einsatz begleiten. Der Leitfaden umfasst leicht einsetzbare, praktische Materialien für die Orientierung von Asylbewerberinnen und -bewerbern im deutschsprachigen Alltag sowie Hinweise für die Helferinnen und Helfer.

Zum Lernkonzept

Die stark bebilderten Handlungsfelder mit relevantem Wortschatz, situativ eingebetteten Redemitteln und abwechslungsreichen Verstehensübungen bieten eine erste sprachliche und kulturelle Orientierung für das Leben in Deutschland, eine Aufgabe, die angesichts fremder Lebenstraditionen und Fluchterfahrungen nie einfach ist. Durch den Fokus auf konkrete, kompakte und praktikable Handlungsfelder und Mini-Szenarien aus dem deutschsprachigen Alltag ist das Konzept stärker als andere interkulturell ausgerichtet. Die Auswahl der Situationen und Redemittel berücksichtigt bewusst Unterschiede zwischen dem Alltag in Deutschland und den Herkunftsländern der Geflüchteten. Um die Helferinnen und Helfer für solche kulturellen Differenzen soweit nötig zu sensibilisieren, enthalten die Hinweise zu den Handlungsfeldern auch kulturspezifische Hintergrundinformationen. Dabei geht es nicht darum, interkulturelle Expertinnen und Experten oder professionelle Sprachlehrerinnen und -lehrer auszubilden. Vielmehr sollen die Materialien helfen, den möglichst natürlichen, einfachen Umgang mit den Geflüchteten zu erleichtern. Die Praxis zeigt, dass bereits dieser Umgang vielfältige logistische, administrative, persönliche und kommunikative Herausforderungen stellt.

Zum Einsatz des Leitfadens

Zu Beginn jedes Kapitels finden sich Hintergrundinformationen zu sprachlichen und kulturellen Besonderheiten (und ggf. Differenzen) sowie Vermittlungshinweise. Diese umfassen Hinweise zum Einsatz des Materials sowie Vorschläge und Linktipps zu weiteren Übungen für die Feinabstimmung bei den individuellen Anforderungen und für die Vertiefung des Themas.

Die Übungen sollten eher das Verstehen und Verständnis sichern und dienen vor allem dem Wiedererkennen von Wortschatz und Redewendungen und deren Bedeutung. Der Schwerpunkt der Materialien liegt auf der Präsentation von Wortschatz und Redemitteln. Auf Erklärungen zu grammatischen Strukturen wird verzichtet. Grammatische Themen lassen sich aber ebenfalls bei fortgeschrittenen Lernern und durch geschulte Lehrkräfte ergänzen. Produktorientierte Aufgaben am Ende eines Handlungsfeldes können leicht als örtliche Erkundungen und lebensrelevante Recherchen gestaltet werden. Somit können die Lerner authentische Handlungsfelder auch außerhalb des Lernortes erweitern und erproben. Ansonsten gilt: möglichst viel und natürlich miteinander kommunizieren. Wie auch im richtigen Leben.

Wer sich weiter über die Prinzipien des Sprachenlernens und -lehrens informieren will, findet zum Schluss Empfehlungen zum Weiterlesen und -lernen.

Prof. Jörg Roche
Institut für Deutsch als Fremdsprache
Ludwig-Maximilians-Universität München

Zum Kapitel

Thematische Schwerpunkte

Geschäfte, Einkaufen, Öffnungszeiten, Preise, Pfandsystem, Umtausch

Hintergrundinformationen

Geflüchtete sollen hier über die in Deutschland üblichen Gewohnheiten beim Einkaufen informiert werden.
Dazu gehört:

- wissen, in welchen Geschäften man welche Produkte einkaufen kann
- übliche Öffnungszeiten in Deutschland kennen
- die Angaben auf einem Kassenbon verstehen
- verschiedene Zahlungsarten (bar, mit EC-Karte, Kreditkarte) kennen
- wissen, wie das Pfand bezahlt und rückerstattet wird
- Umtauschmodalitäten kennen
- Preisunterschiede von Discounter/Supermarkt/Markt wahrnehmen.

Besonders relevant ist für die neu Angekommenen zu erfahren, wo sie was möglichst günstig erwerben können. Idealerweise lernen sie die verschiedenen Einkaufsmöglichkeiten (Discounter, Märkte, Geschäfte etc.) bei einem Spaziergang kennen. Weisen Sie darauf hin, dass es vor allem in großen Städten viele internationale Geschäfte gibt (oft in der Nähe von Bahnhöfen). Übrigens: Um online einzukaufen, braucht man eine gültige Bankverbindung.

Vermittlungshinweise

Über die Einstiegsbilder wird wichtiges Vokabular zum Thema Einkaufen präsentiert. Die Mini-Situationen veranschaulichen die Thematik durch weitere Informationen sowie Rollenspiele. Es bietet sich an, diese Wortfelder durch aktuelle Prospekte (z.B. Angebote von Discountern wie Aldi, Lidl etc.) gemeinsam zu erweitern. Auf den Webseiten von Supermärkten, Kaufhäusern und anderen Geschäften kann man auch Produkte bzw. Angebote sowie die Öffnungszeiten ansehen. Die Öffnungszeiten von Ämtern findet man ebenfalls online. Bei den angegebenen Öffnungszeiten handelt es sich nur um Beispiele, bitte weisen Sie auf regionale Unterschiede, z.B. langer Donnerstag, Wochenende, Spätkauf, hin. Auch auf den Sonderfall von Tankstellen mit ihrem Produktsortiment und unterschiedlichen Öffnungszeiten sollten Sie eingehen. Außerdem sollte auf die verschiedenen Informationen (siehe angegebene Vokabeln) auf dem Kassenbon eingegangen werden. Auch die hervorgehobene Information, dass ein Umtausch nur gegen Vorlage des Kassenbons und nur innerhalb eines bestimmten Zeitraums möglich ist, sollte verdeutlicht werden.

Hinweis zur Binnendifferenzierung: Fortgeschrittenere Lerner können noch weitere Geschäfte benennen bzw. für andere Produkte bestimmen, in welchen Geschäften man sie kaufen kann. Der dargestellte, sehr einfache Einkaufsdialog kann z.B. durch folgende Phrasen erweitert werden:
Verkäufer: Was darf es sein? Was hätten Sie denn gern?
Käufer: Ich möchte gern …
Verkäufer: Ist das alles? Sonst noch etwas?
Bei Preisvergleichen bietet es sich an, den Komparativ und Superlativ einzuführen (z.B.: teurer, am teuersten). Fortgeschrittenere Lerner können auch ihre Einkaufs- und Essgewohnheiten beschreiben (Meistens kaufe ich im/in der … ein. Ich trinke keine Milch.). Auch auf Mengenangaben kann eingegangen werden (z.B. 500g, Stück etc.).

Linktipps

- Supermärkte: z.B. www.edeka.de, www.rewe.de, www.lidl.de, www.aldi.de
- Online-Kauf: www.ebay.de (neue und gebrauchte Sachen), www.amazon.de (u.a. gebrauchte Sachen, oft mit Preisauswahl)
- Online-Flohmarkt: www.kleinanzeigen.de (Möbel, Elektronik, Kleidung), www.vinted.de (Klamotten kaufen, verkaufen und tauschen), www.medimops.de (gebrauchte Bücher, CDs)
- Stiftung Warentest (unabhängige Testberichte zu Elektronik, Haushalt und Gesundheit sowie Finanzen, Versicherung und Steuern; auch auf Engl.): www.test.de

1. Geschäfte

20

einkaufen

die Apotheke

der Drogeriemarkt

die Bäckerei

der Discounter

der Supermarkt

der Wochenmarkt

das Kaufhaus

der Kiosk

die Metzgerei

der Baumarkt

das Modegeschäft

der Schuhladen

der Flohmarkt

1.1. Was kaufe ich wo?

Ich kaufe **Schuhe** im **Schuhladen**.

Ich kaufe **Obst** im **Supermarkt** oder im **Discounter**.

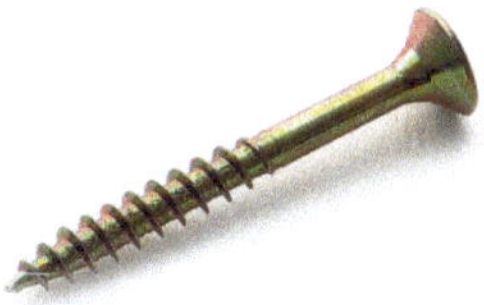

Ich kaufe eine **Schraube** im **Baumarkt**.

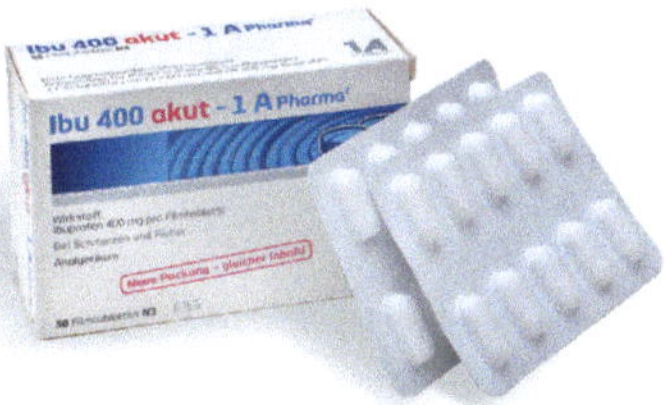

Ich kaufe **Medikamente** in der **Apotheke**.

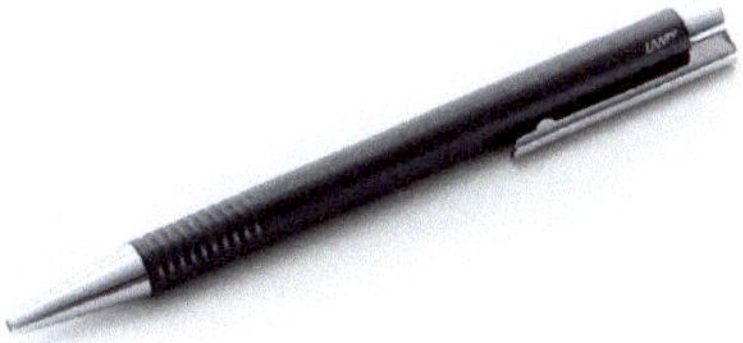

Ich kaufe einen **Stift** im **Kaufhaus.**

Ich kaufe **Handschuhe** im **Kaufhaus** oder im **Modegeschäft.**

Ich kaufe **Brot** in der **Bäckerei**.

Ich kaufe eine **Zahnbürste** in der **Drogerie**.

Ich kaufe frisches **Gemüse** auf dem **Wochenmarkt**.

1.2. In der Bäckerei

Ü 1.1. Was ist das? Verbinden Sie.

der Supermarkt — der Discounter — das Kaufhaus — die Drogerie — die Apotheke

der Flohmarkt — der Schuhladen — die Metzgerei — der Elektroladen — der Baumarkt

Ü 1.2. Wo kaufe ich was? Ordnen Sie zu.

im Kaufhaus
im Modegeschäft
in der Drogerie
im Supermarkt
im Elektrogeschäft

Turnschuhe
einen Bleistift
Weißbrot
Medikamente
eine Haarbürste
eine Babywindel
Bananen
eine Jacke
eine Lampe
Putzmittel

in der Bäckerei
in der Apotheke
im Schuhladen
im Baumarkt

Ü 1.3. Welche Geschäfte gibt es in Ihrer Nähe? Wie heißen die Geschäfte? Wo gibt es typische Produkte aus Ihrem Land?

2. Öffnungszeiten

offen | geschlossen

Öffnungszeiten:
Montag - Samstag
07:00 - 20:00 Uhr

der Supermarkt

Öffnungszeiten:
Mo- Fr 06:30 - 18:30 Uhr
Sa 06:30 - 14:00 Uhr
So 08:00 - 13:00 Uhr

die Bäckerei

Dr. Müller
Facharzt für Allgemeinmedizin

Sprechzeiten
Mo - Fr 09:00 - 12:00 Uhr
Mo, Di u. Do 15:00 - 17:00 Uhr

die Arztpraxis

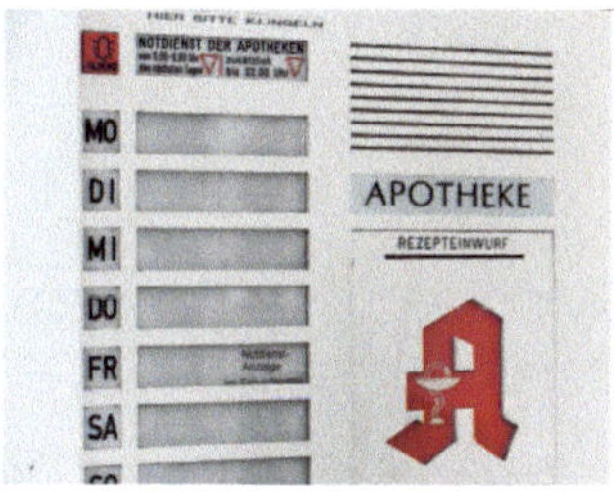

der Apotheken-Notdienst

Öffnungszeiten
Montag - Samstag
09:00 - 20:00 Uhr

das Kaufhaus

Öffnungszeiten
Mo - So
06:00 - 21:00 Uhr
Feiertags
08:00 - 18:00 Uhr

die Tankstelle

Montag	7.30 - 16 Uhr
Dienstag	8.00 - 16 Uhr
Mittwoch	8.00 - 12 Uhr
Donnerstag	8.00 - 18 Uhr
Freitag	8.00 - 12 Uhr

das Amt

Montag und Donnerstag:
8:30 - 12:30 und 14:00 - 18:00 Uhr
Dienstag und Freitag
8:30 - 12:30 und 14:00 - 16:00 Uhr
Mittwoch
8:30 - 12:30 Uhr
€-Bank

die Bank

2.1. Die Wochentage

Mo	Di	Mi	Do	Fr	Sa	So
Montag	Dienstag	Mittwoch	Donnerstag	Freitag	Samstag	Sonntag

Werktage — das Wochenende

2.2. Geschäfte und ihre Öffnungszeiten

Wann macht die Bäckerei auf?

Die Bäckerei macht um 6 Uhr auf.

Viele Geschäfte sind am Sonntag und an Feiertagen geschlossen.

Hat die Apotheke heute offen?

Nein, heute ist Sonntag, da ist nur der Notdienst erreichbar.

Ich brauche Windeln.

Oh, der Supermarkt hat schon zu. Vielleicht hat die Tankstelle offen.

Ü 2.1. Welche Tage hat die Woche? Verbinden Sie.

Di · Do · So · Sa · Mi · Mo · Fr

Montag · Donnerstag · Freitag · Dienstag · Sonntag · Mittwoch · Samstag

Werktage · das Wochenende

Ü 2.2. Was ist offen? Sehen Sie die Schilder auf S. 13 an und kreuzen Sie an.

	der Supermarkt	die Bäckerei	die Arztpraxis	das Kaufhaus	die Tankstelle	das Amt	die Bank
Mittwoch 7 Uhr	X						
Mittwoch 11 Uhr							
Samstag 15 Uhr							
Sonntag 11 Uhr							
Feiertag							

Ü 2.3. Finden Sie die Wörter. Wie viele sind es? ⇒ ____ Wörter

DROGERIEMONTAGSUPERMARKTÖFFNUNGSZEITENKAUFHAUSGESCHÄFTEMITTWOCHGESCHLOSSEN

Ü 2.4. Setzen Sie die fehlenden Buchstaben ein.

D_en__ag • ge_f_net • F__ert__ • Fr___ag • ges__los__n

Ü 2.5. Wann sind die Geschäfte in Ihrer Nähe geöffnet? Welche Apotheke hat am Sonntag Notdienst?

3. An der Kasse und Preise

1 der Einkaufswagen

2 die Kundin

3 der Kunde

4 die Kasse

5 die Kassiererin

6 der Geldbeutel

7 das Kartenlesegerät

8 die Einkäufe

9 die Ananas

10 das Preisschild

11 das Gemüse

12 die Getränke

13 die Zigaretten

20

3.1. Was kostet das?

Ein Liter Milch kostet 1,09 Euro.

Ein Paar Schuhe kostet 89,99 Euro.

Ein Radio kostet 49,99 Euro.

Ein Stift kostet 2,79 Euro.

Ein Brot kostet 2,89 Euro.

3.2. Über Preise sprechen

3.3. Auf verschiedene Arten bezahlen

das Bargeld

Hier können Sie bar, mit Kreditkarte und mit EC-Karte bezahlen.

die Visakarte

die EC-Karte

electronic cash

electronic cash

girocard

Ü 3.1. Wie viel kostet das? Verbinden Sie.

sieben Euro fünfzig • fünfundsiebzig Cent • siebzig Euro fünfundfünfzig • siebzehn Euro fünf

19 € 7,50 € 70,55 € 0,90 € 17,05 € 99 € 0,75 € 9,99 €

neun Euro neunundneunzig • neunzehn Euro • neunzig Cent • neunundneunzig Euro

Ü 3.2. Wie viel Wechselgeld bekommen Sie? Ordnen Sie zu.

Preis: 13,50 Euro ⇓ Sie geben 20 Euro.	Preis: 7,98 Euro ⇓ Sie geben 10 Euro.	Preis: 36,98 Euro ⇓ Sie geben 50 Euro.	Preis: 24,99 Euro ⇓ Sie geben 50 Euro.

Ü 3.3. Welche Sätze passen zu den Bildern? Ordnen Sie zu.

Ich zahle bar.

Hier können Sie mit Kreditkarte zahlen.

Wir nehmen keine Kreditkarten.

Wir nehmen nur Bargeld.

Zahlen Sie mit EC-Karte?

Ü 3.4. Erstellen Sie eine Einkaufsliste mit 10 Produkten (z.B. 1 Liter Milch, eine Jacke).
Was kosten diese Dinge (im Supermarkt, im Kaufhaus, auf dem Wochenmarkt …)**?**

4. Waren umtauschen und Pfandsystem

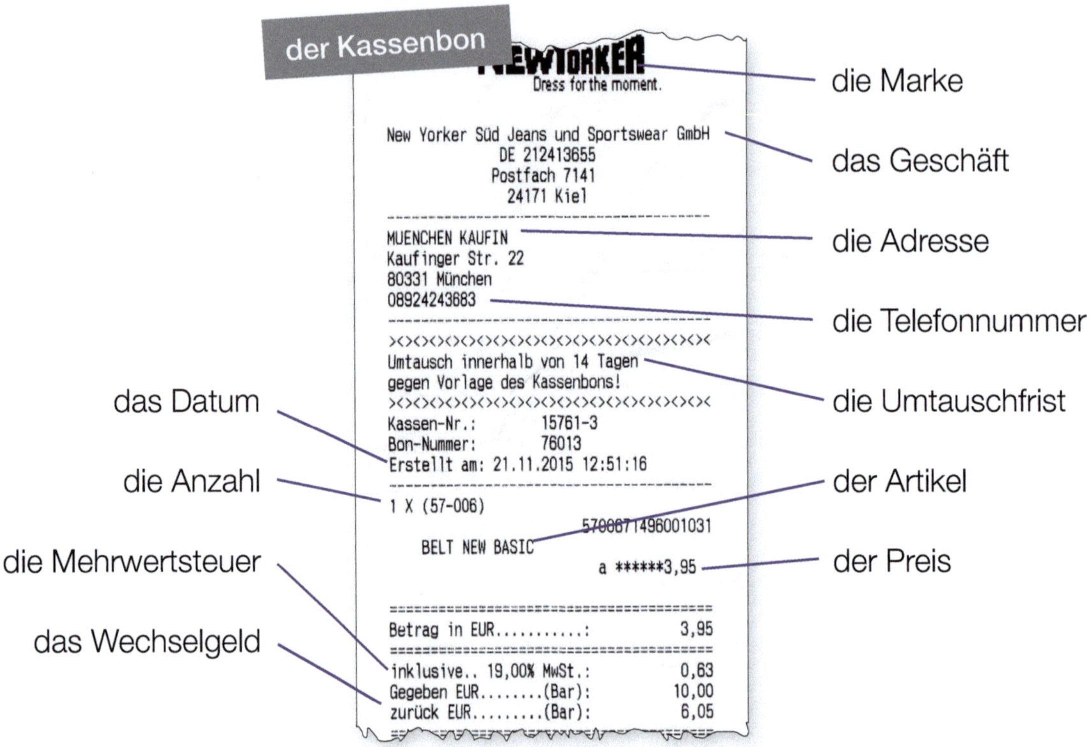

4.1. Reklamieren und umtauschen

Die Hose passt mir nicht. Ich möchte die Hose gerne umtauschen.

Haben Sie den Kassenzettel?

Ja, hier ist der Kassenzettel.

Tut mir leid. Das geht nicht. Ein Umtausch ist nur innerhalb von 14 Tagen möglich.

4.2. Das Pfandsystem

kein Pfand

⇩

leere Flasche wegwerfen

Pfand

0,15 € - 0,30 € mehr zahlen

⇩

leere Flasche zurückbringen

⇩

0,15 € - 0,30 € wieder bekommen

Mit dem Pfandsystem gibt es weniger Müll. Das Pfandsystem ist gut für die Umwelt.

Ü 4.1. Kann ich das umtauschen? Ordnen Sie zu.

Die Milch ist verdorben.

Das Radio funktioniert nicht.

Die Schuhe sind zu klein.

Die Schuhe sind nicht mehr neu. Wir können die Schuhe nicht mehr umtauschen.

Haben Sie den Kassenbeleg? Dann ist das kein Problem.

Das geht leider nicht. Das Haltbarkeitsdatum ist überschritten.

Ü 4.2. Welches Symbol bedeutet „Pfand“ und welches „Kein Pfand“? Verbinden Sie.

Pfand

kein Pfand

Ü 4.3. Gehen Sie in den Supermarkt und suchen Sie die verschiedenen Pfandpreise für Glasflaschen, Dosen und Plastikflaschen.

Zum Kapitel

Thematische Schwerpunkte

Verkehrsregeln, öffentliche Verkehrsmittel, Fahrkarten, Fahrpläne

Hintergrundinformationen

Die Orientierung in deutschen Städten fällt vielen Flüchtlingen schwer. Viele müssen sich an eine neue Stadt- bzw. Landstruktur und Verkehrsordnung gewöhnen und lernen, sich selbstständig mit öffentlichen Verkehrsmitteln fortzubewegen.

Zentrale Handlungen in diesem Bereich sind:

- sich in der Stadt fortbewegen (zu Fuß, mit dem Fahrrad, mit öffentlichen Verkehrsmitteln)
- Fahrpläne verstehen
- Fahrkarten kaufen und ggf. entwerten
- Regeln an Bahnhöfen und in Bus/Bahn beachten

Vermittlungshinweise

Über die Einstiegsbilder wird wichtiges Vokabular zu den Themen „Auf der Straße", „Am Fahrkartenautomaten", „Am U-Bahnhof", „Mit Bus, Tram oder U-Bahn?" präsentiert. Die Mini-Situationen veranschaulichen u.a. einige Verkehrsregeln und Konsequenzen bei Verstoß gegen deren Einhaltung. Auf die Ahndung von Verstößen gegen Verkehrsregeln, auch bei Fußgängern und Fahrradfahrern, ist nachdrücklich hinzuweisen. In Bezug auf das Verkehrsschild STOP können Sie auf die aktuelle Rechtschreibung „Stopp" (abgeleitet von „stoppen") hinweisen.

Bitte machen Sie darauf aufmerksam, dass für die Nutzung von öffentlichen Verkehrsmitteln in verschiedenen Städten Deutschlands unterschiedliche Regelungen gelten, z.B. ob man die Fahrkarte im Bus am Automaten kauft oder beim Busfahrer/bei der Busfahrerin. Das gleiche gilt für die Arten von Fahrkarten. Es ist ratsam zu erklären, dass die Kontrolleure und Kontrolleurinnen meist keine Uniform tragen (Ausnahme: Zug).

Hinweis zur Binnendifferenzierung: Bei etwas fortgeschritteneren oder leistungsstärkeren Lernern bietet es sich an, die Modalverben in Zusammenhang mit den Geboten und Verboten einzuführen: „Hier darf man nicht parken." „Hier muss man abbiegen." etc. Das unpersönliche Pronomen man müsste dann zusätzlich eingeführt werden. Bei schwächeren Gruppen können Sie es bei Infinitiven, die als Imperative fungieren, belassen: „Hier nicht parken!" Die Verkehrsschilder und die Ampel können zur Einführung bzw. Wiederholung der Farben dienen.

Linktipps

Für München:

- Informationen auf Deutsch, Englisch und Arabisch für Geflüchtete über öffentliche Verkehrsmittel, Fahrpläne, Tickets und wichtige Adressen findet man auf dieser Webseite (inklusive Flyer mit Tarifen, dieser ist auch kostenlos an größeren Bahnhöfen erhältlich) : www.mvv-muenchen.de/en/on-tour-with-the-mvv/important-information-for-refugees/index.html.
- Auf dem YouTube-Kanal vom MVV gibt es Erklärungen (teilweise stumm), wie man mit den öffentlichen Verkehrsmitteln umgeht: www.youtube.com/channel/UCiafLquvd8fUnGyNS51TZmw

1. Auf der Straße

- 1 die Ampel
- 2 die Kreuzung
- 3 der Bus
- 4 das Motorrad
- 5 der Kinderwagen
- 6 das Auto
- 7 das Fahrrad
- 8 der Fahrradweg
- 9 die Trambahn
  die Straßenbahn
- 10 die Haltestelle
- 11 der Gehweg
- 12 der Fußgänger
- 13 die Straße
- 14 der Zebrastreifen
- 15 der Mülleimer

1.1. Verkehrsregeln beachten

die Ampel | rote Ampel: Stopp! | grüne Ampel: Fahren! | Stehen bleiben! | Gehen!

das Fahrrad | der Fahrradweg | Nur Fahrrad! | Keine Fußgänger!

der Fußgänger | der Fußgängerweg | Nur Fußgänger! Fahrrad und Auto verboten!

das Auto | die Autobahn | Kein Fahrrad! Keine Fußgänger!

1.2. Mit dem Fahrrad unterwegs

nur eine Person

keinen Alkohol trinken

keine Drogen nehmen

nicht Musik hören

nicht telefonieren

nicht rauchen

Ein Helm schützt Sie!

Am Abend:
Licht einschalten.

Fahrrad immer abschließen.

Ü 1.1. Was ist das? Verbinden Sie.

das Auto

die Trambahn

die Ampel

die Fußgängerin

der Kinderwagen

das Fahrrad

Ü 1.2. Wer darf hier fahren oder gehen? Kreuzen Sie an.

	☒	☐	☐
	☐	☐	☐
	☐	☐	☐
	☐	☐	☐
	☐	☐	☐
	☐	☐	☐
	☐	☐	☐

Ü 1.3. Suchen Sie fünf verschiedene Verkehrsschilder in Ihrer Nähe. Fotografieren Sie sie. Was bedeuten sie?

2. Am Fahrkartenautomaten

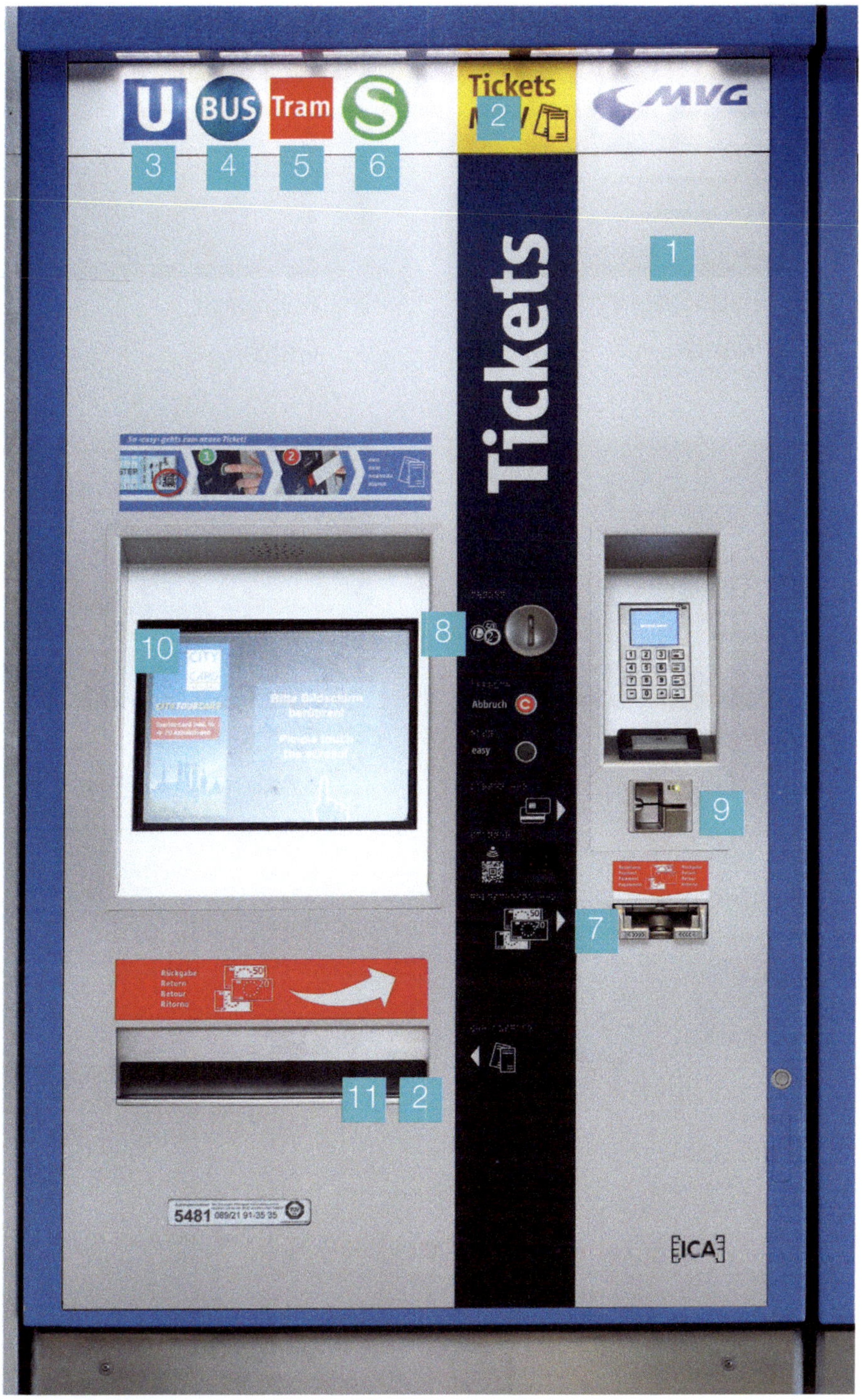

1 der Ticketautomat

2 die Fahrkarte
der Fahrschein
das Ticket

3 die U-Bahn

4 der Bus

5 die Trambahn
die Straßenbahn

6 die S-Bahn

7 der Geldschein

8 die Münze

9 die Bankkarte

10 der Bildschirm

11 das Wechselgeld

2.1. Beim Ticketkauf

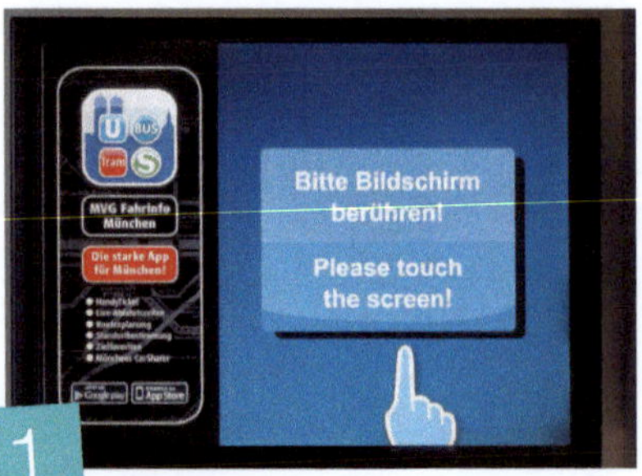

1 Bildschirm berühren

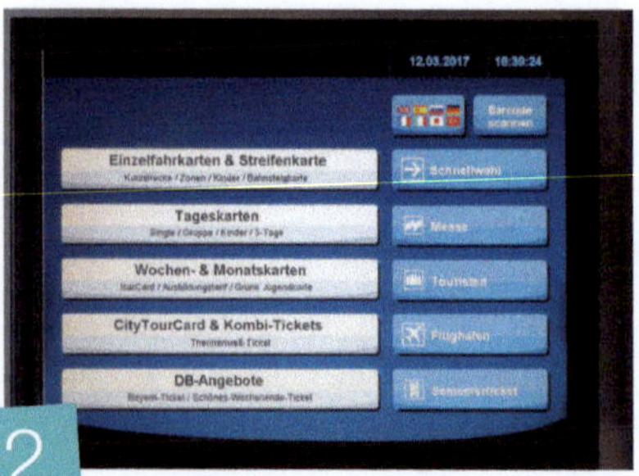

2 Fahrkartentyp wählen

3 Fahrkarte wählen

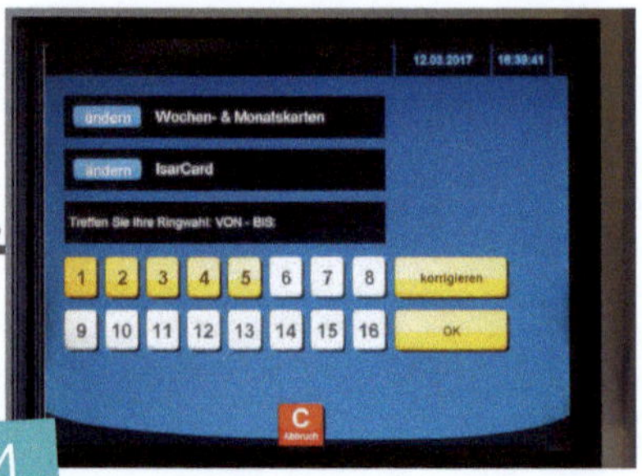

4 Zone/Bereich wählen

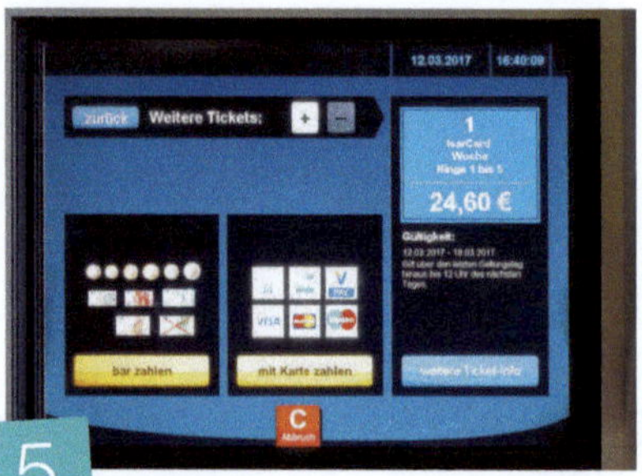

5 Bezahlung wählen

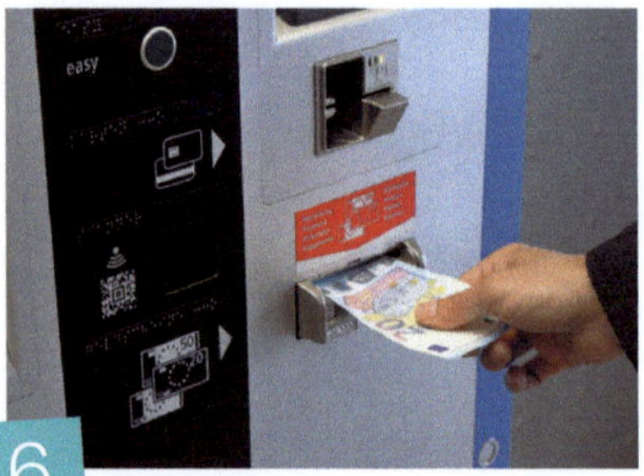

6 bezahlen

2.2. Ungültige Fahrkarten

ungültig

gültig

ungültig

gültig

Die meisten Fahrkarten müssen entwertet werden. Dafür gibt es Automaten.

Ü 2.1. Am Automaten: Wo ist der Platz für…? Verbinden Sie.

Geldscheine

Wechselgeld

Münzen

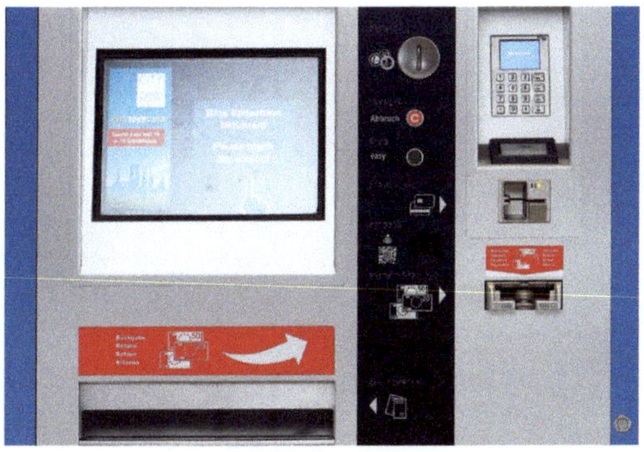

Fahrkarte

EC-Karte

Kreditkarte

Ü 2.2. Die Schritte sind durcheinandergeraten. Nummerieren Sie sie in der richtigen Reihenfolge.

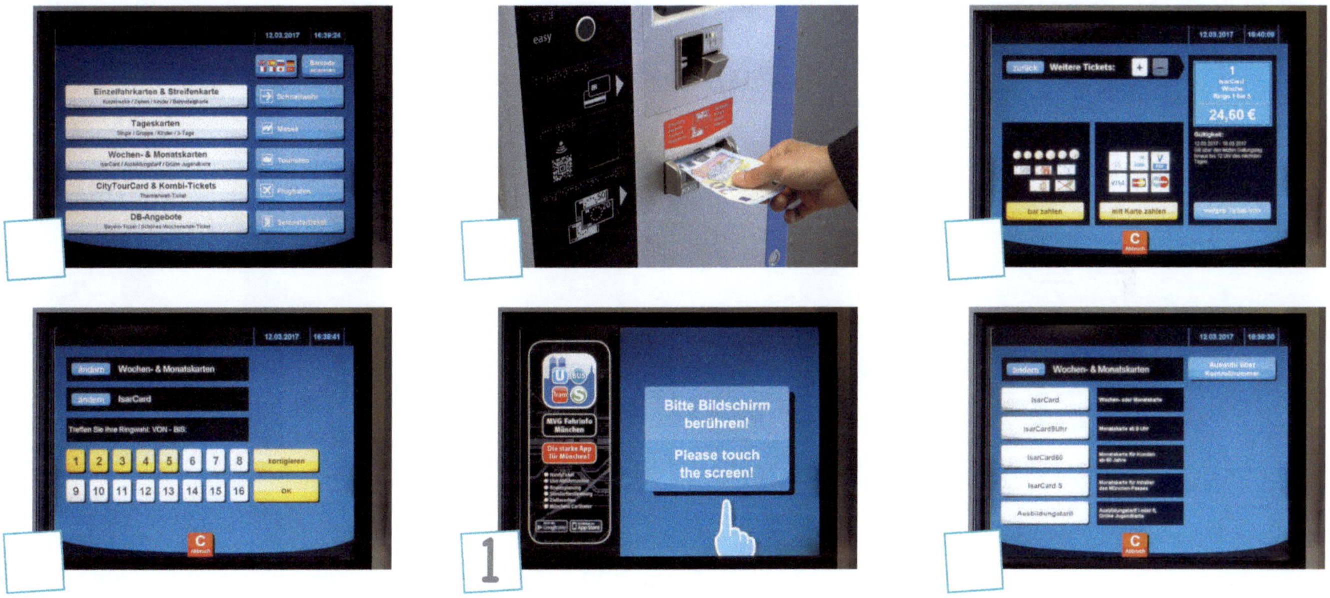

Ü 2.3. Welche Fahrkarte passt? Ordnen Sie zu.

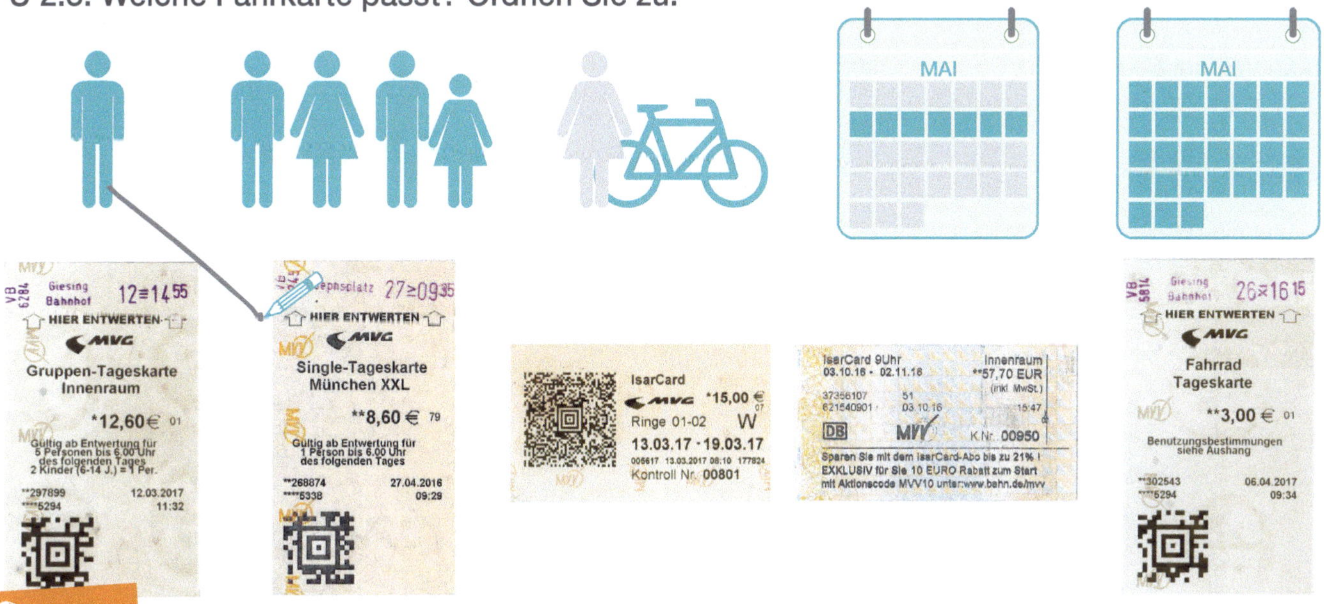

Ü 2.4. Welche Fahrkarten gibt es an Ihrem Wohnort? Welche müssen Sie entwerten?

3. Am U-Bahnhof

1	die U-Bahn	5	der Kinderwagen	9	der Sicherheitsstreifen
2	das Gleis	6	der Bahnsteig	10	der Umgebungsplan
3	der Fahrgast	7	die Tür	11	die Treppe
4	der Koffer	8	der U-Bahnhof	12	die Rolltreppe

Achtung auf der Rolltreppe: rechts stehen, links gehen.

i

3.1. Am Bahnsteig

Gehen Sie bitte vom Sicherheitsstreifen.

Umsteigemöglichkeit zur S-Bahn.

Dieser Zug endet hier.

Endstation. Bitte alle aussteigen.

Nicht einsteigen!

Hier nicht stehen!

Die Leute steigen aus.

Die Leute steigen um.

3.2. Den U-Bahnfahrplan lesen

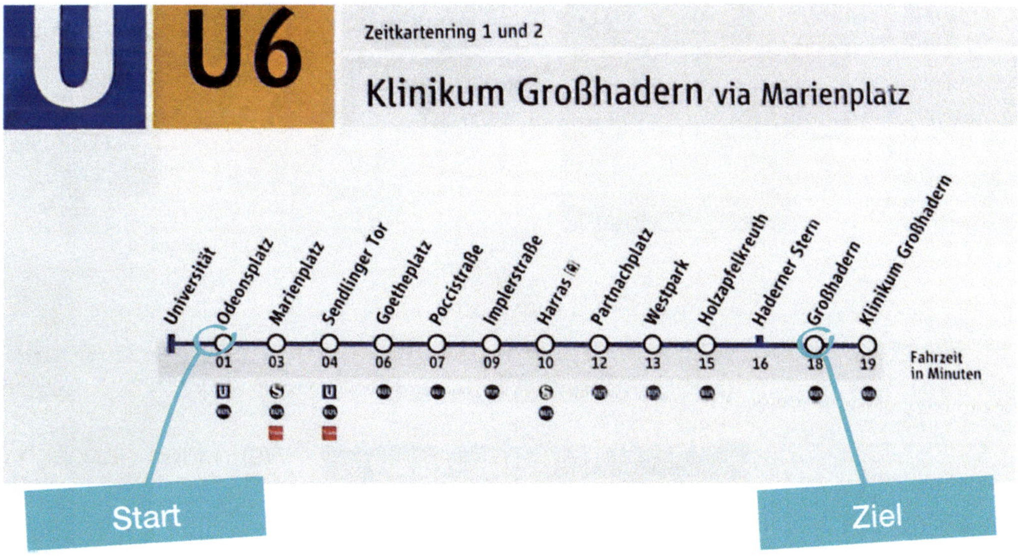

1 Am Odeonsplatz in die U-Bahn einsteigen
➤ Ticket dabei?

2 Mit der U-Bahn fahren
➤ Es sind 11 Stationen.
➤ Die Fahrt dauert 18 Minuten.

3 An der Haltestelle Großhadern aussteigen
➤ Hier fährt ein Bus.

Ü 3.1. Welche Bilder passen? Ordnen Sie zu.

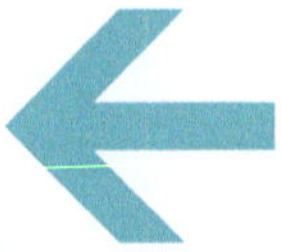

a. die Rolltreppe
b. der Sicherheits-streifen
c. rechts
d. links
e. drücken
f. der Ausgang
g. der Bahnhof
h. die Tür

Ü 3.2. Verhalten in der U-Bahn. Was ist korrekt ✓, was ist nicht korrekt ✗? Markieren Sie.

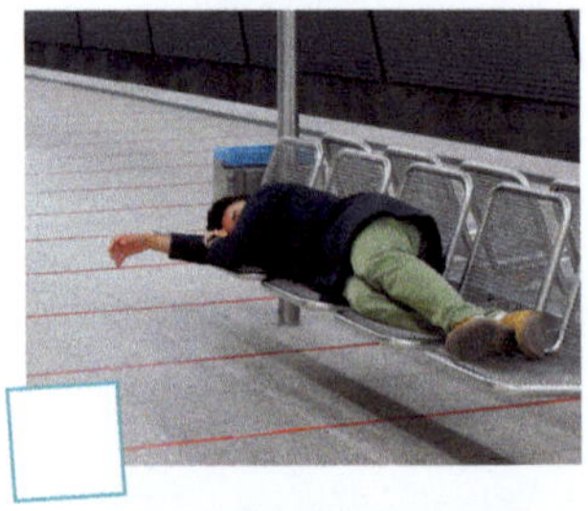

✓

Ü 3.3. Heute ist Montag. Es ist 16:20 Uhr. Sie sind an der Ittlingerstraße und möchten zu einer U-Bahn. Sehen Sie sich den Busfahrplan an.

		Montag - Freitag					
Verkehrshinweis			S		S		S
Feldmoching Bf Ost U S P		16.04		16.24		16.44	
Feldmochinger Anger		16.06		16.26		16.46	
Hasenbergl Süd		16.08		16.28		16.48	
Ittlingerstraße		16.09		16.29		16.49	
Weitlstraße		16.11		16.31		16.51	
Caracciolastraße		16.12		16.32		16.52	
Weyprechtstraße		16.13		16.33		16.53	
Harthof U	an	16.15		16.35		16.55	
Harthof U	ab	16.15		16.35		16.55	
Röblingweg		16.16		16.36		16.56	
Rathenaustraße		16.17		16.37		16.57	
Am Hart U	an	16.19		16.39		16.59	
Am Hart U	ab	16.23	16.13	16.43	16.33	17.03	16.53
Sudetendeutsche Straße		16.25	16.15	16.45	16.35	17.05	16.55
Gundelkoferstraße		16.27	16.17	16.47	16.37	17.07	16.57
Kollwitzstraße		16.28	16.18	16.48	16.38	17.08	16.58

Wann fährt der nächste Bus?

Wo steigen Sie aus?

Wie viele Stationen sind es?

Wie lange dauert die Fahrt?

Wann sind Sie am Ziel?

4. Mit Bus, Tram oder U-Bahn?

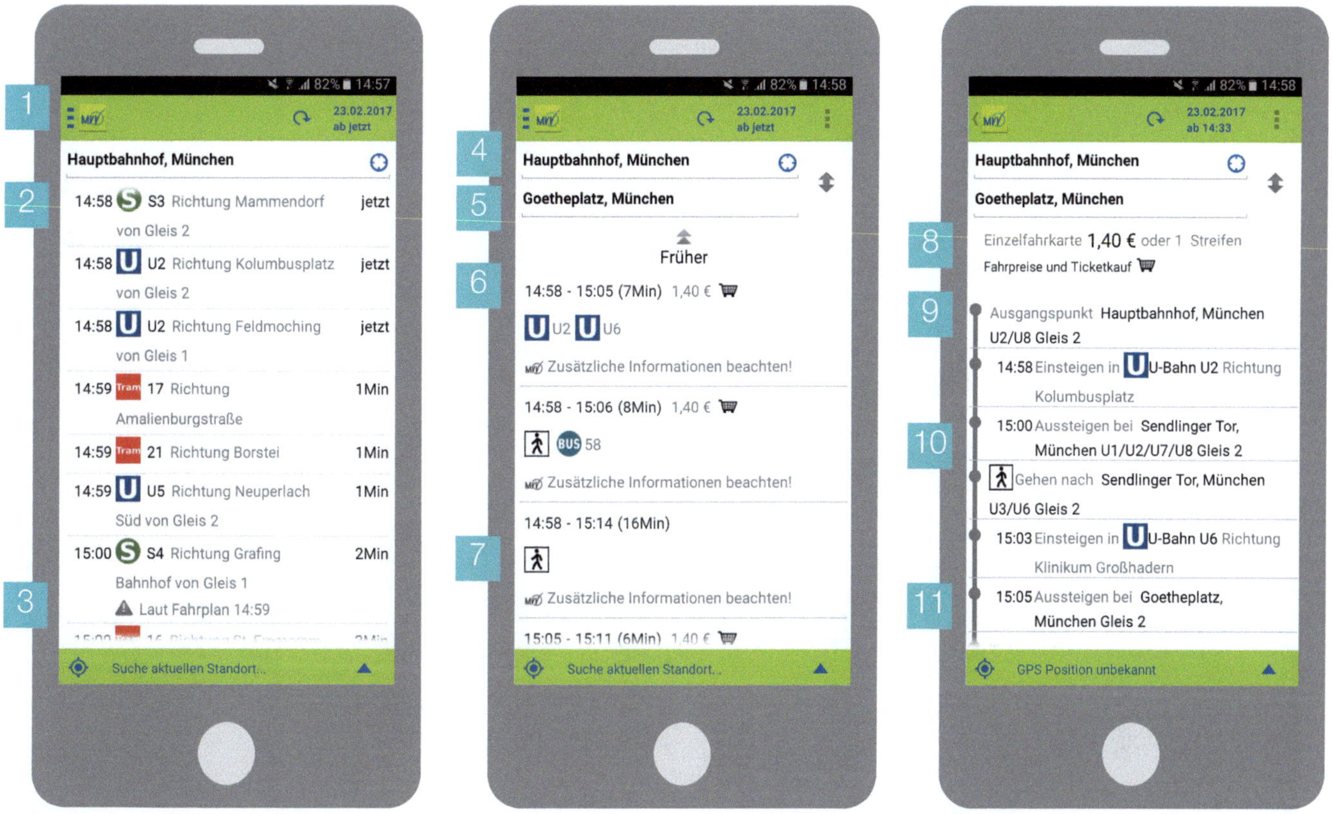

1 das Datum
2 die Uhrzeit
3 die Verspätung
4 der Start
5 das Ziel
6 die Fahrzeit
7 der Fußweg
8 der Preis
9 abfahren
10 umsteigen
11 ankommen

4.1. Im Bus

Achtung!
Schwarzfahren
(= fahren ohne Ticket)
kostet 60 Euro!

i

Ü 4.1. Im Bus. Was passt zu den Bildern? Ordnen Sie zu.

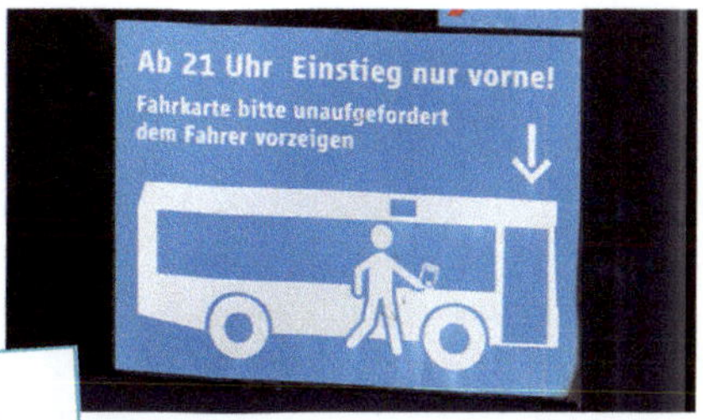

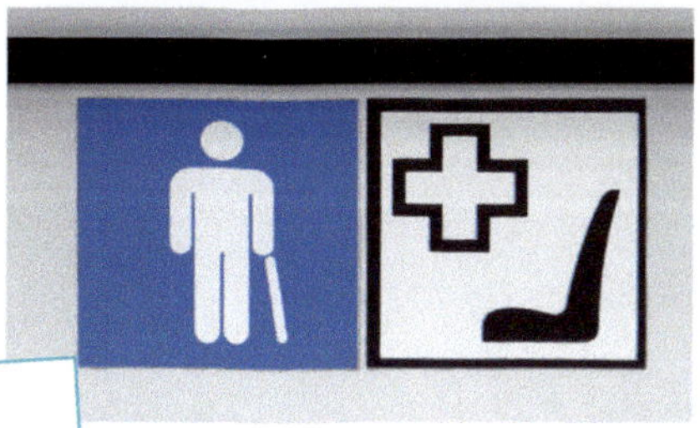

a. Hier ist ein Platz für eine alte Person.

b. Rauchen an der Bushaltestelle ist verboten.

c. Nach 21 Uhr bitte dem Busfahrer den Fahrschein zeigen.

d. Mit Kinderwagen bitte in der Mitte einsteigen.

e. Musik ist okay, aber nicht zu laut.

f. Drücken Sie. Dann stoppt der Bus an der Haltestelle.

Ü 4.2. Was sagt der Kontrolleur? Was sagen die Fahrgäste? Verbinden Sie.

Fahrscheinkontrolle.

Zeigen Sie bitte Ihre Fahrkarte.

Entschuldigung, wie bitte?

Ihren Ausweis, bitte.

Ah, okay, hier bitte.

Wo kann ich eine Fahrkarte kaufen?

Ich habe keine Fahrkarte. Tut mir leid.

Sie müssen 60 Euro zahlen.

Ü 4.3. Wählen Sie einen Ort, an den Sie gerne fahren möchten (z.B. ein Geschäft, ein Museum, Ihre Schule etc.). Recherchieren Sie den Weg mit einer App oder Webseite.

Welches Verkehrsmittel nehmen Sie? • In welche Richtung fahren Sie? • Wo steigen Sie aus? • Steigen Sie um? Wo? • Wie lange dauert die Fahrt?

Zum Kapitel

Thematische Schwerpunkte

Zimmer und Gegenstände im Haus, Haushalt und Sauberkeit, Hausordnung, Zusammenleben

Hintergrundinformationen

Nach dem Verlassen der Gemeinschaftsunterkunft werden Geflüchtete i.d.R. in Wohnheimen bzw. in Wohnungen untergebracht. Sowohl in den betreuten oder teilbetreuten Wohnheimen als auch in den Wohngemeinschaften müssen sie mit Mitbewohnern kommunizieren und – um Konflikte zu vermeiden – die wichtigsten Regeln kennen und respektieren. Zur Kommunikation müssen die wichtigsten Gegenstände im Haus benannt werden können.

Zentrale Handlungen in diesem Bereich sind:

- Müll trennen, mit Geräten im Haushalt umgehen (z.B. Waschmaschine)
- auf Sauberkeit und Hygiene achten
- Post empfangen und absenden
- die wichtigsten Hausordnungsregeln verstehen (v.a. Ruhezeiten)
- Dialog mit dem Hausmeister führen, z.B. wenn etwas nicht funktioniert

Vermittlungshinweise

Über die Einstiegsbilder wird wichtiges Vokabular zum Thema Wohnen präsentiert. Die Mini-Situationen veranschaulichen einige in Deutschland übliche Regeln und Gewohnheiten, die u.U. neu für die Lernenden sind. Für das Thema Mülltrennung können Sie Flyer von lokalen Institutionen (z.B. Landratsämter) einsetzen, die auf die jeweiligen regionalen Gegebenheiten (z.B. gelbe Tonne, gelber Sack) zugeschnitten sind.

Ergänzend zum Putzplan können auch weitere Tipps in Bezug auf Hygiene und Sauberkeit besprochen werden (z.B. richtiges Lüften, Hände waschen, Zähne putzen, Klobürste nutzen, Kochwäsche u.a.). Nutzen Sie auch die Hausordnung der Unterkunft Ihrer Teilnehmer und klären Sie gemeinsam die wichtigsten Angaben darin.

Hinweis zur Binnendifferenzierung: Bei etwas fortgeschritteneren oder leistungsstärkeren Lernern bietet es sich an, die Präpositionen (unter „Was ist wo?") und die reflexiven Verben (z.B. „Ich wasche mich.") einzuführen. Außerdem können die Lerner ihren Tagesablauf und ihre Wohnung beschreiben, ihre eigene Adresse aufschreiben und lernen, wo sie die Postleitzahlen einzelner Städte im Internet finden. Auch Uhrzeit (im Zusammenhang mit den Ruhezeiten) und Preise (Briefmarken) können vertiefend thematisiert werden. Dialoge (insbesondere Telefonate mit dem Hausmeister) können im Rollenspiel eingeübt werden.

Linktipps

- Forum für Putztipps: www.frag-mutti.de/putztipps
- Deutsche Post: https://www.deutschepost.de/de.html
- Informationen für Preise von Paketen: https://www.dhl.de/de/privatkunden/pakete-versenden/online-frankieren.html?type=ShipmentEditorProductSelection
- Postleitzahlensuche: www.dastelefonbuch.de/Postleitzahlen
- Telefonbuch: www.dastelefonbuch.de/

1. Im Haus

1 die Mülltonne
2 die Treppe
3 die Küche
4 das Schlafzimmer
5 das Badezimmer
6 der Keller
7 der Speisesaal
8 der Unterrichtsraum
9 der Waschraum
10 die Tür
11 das Fenster
12 die Waschmaschine
13 die Dusche
14 die Toilette/das WC
15 der Tisch
16 der Stuhl
17 das Bett
18 die Lampe
19 die Heizung
20 der Feuerlöscher
21 der Herd/der Ofen

1.1. Was ist wo? Was mache ich dort?

1. der Ofen, 2. der Herd,
3. der Kühlschrank,
4. die Mikrowelle

In der **Küche** koche ich.
In der **Küche** spüle ich ab.

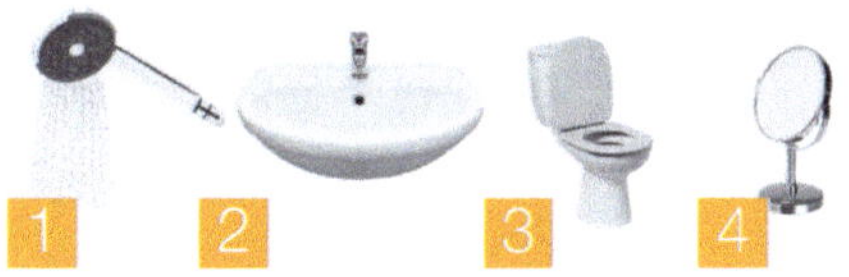

1. die Dusche,
2. das Waschbecken,
3. die Toilette/das Klo,
4. der Spiegel

Im **Badezimmer** wasche ich mich.
Im **Badezimmer** dusche ich.

1. die Waschmaschine,
2. die Wäscheleine,
3. das Fahrrad

Im **Keller** wasche ich Wäsche.
Im **Keller** trockne ich Wäsche.

1. das Bett, 2. der Schrank,
3. der Stuhl

Im **Schlafzimmer** schlafe ich.
Im **Schlafzimmer** lese ich.

1. das Sofa, 2. der Fernseher,
3. der Sessel, 4. das Regal

Im **Wohnzimmer** sehe ich fern.
Im **Wohnzimmer** lerne ich.

1.2. Im Hochhaus

das Hochhaus

der Aufzug/der Lift

die Stockwerke

das elfte Obergeschoss
(= der 11. Stock)
...
das dritte Obergeschoss
(= der 3. Stock)

das zweite Obergeschoss
(= der 2. Stock)

das erste Obergeschoss
(= der 1. Stock)

das Erdgeschoss (0);
der Ausgang

das Untergeschoss
(= der Keller -1); der Parkplatz

Ü 1.1. Was ist wo im Haus? Schauen Sie auch auf Seite 36.

der Herd	hinter/vor dem Haus	der Tisch
das Waschbecken	im Badezimmer	der Spiegel
die Dusche	in der Küche	die Waschmaschine
das Bett	im Schlafzimmer	der Schrank
der Stuhl	im Keller	der Besen
die Mülltonne	im Speisesaal	der Feuerlöscher
das WC		die Heizung

Ü 1.2. Ordnen Sie zu! Wer muss wo drücken? Verbinden Sie.

2. Haushalt und Sauberkeit

1 das Bügelbrett
2 das Bügeleisen
3 das Putzmittel
4 das Waschmittel
5 der Wäscheständer
6 die Wäscheklammer
7 die Waschmaschine
8 der Putzlappen
9 die Wäsche
10 der Wäschekorb
11 das Handtuch

2.1. Tätigkeiten im Haus

staubsaugen

die Steckdose
der Staubsauger
der Beutel

das Geschirr spülen

das Spülmittel
der Schwamm
das Geschirrtuch

den Müll trennen

der Mülleimer
die Mülltüte
die Mülltonne

die Kleidung bügeln

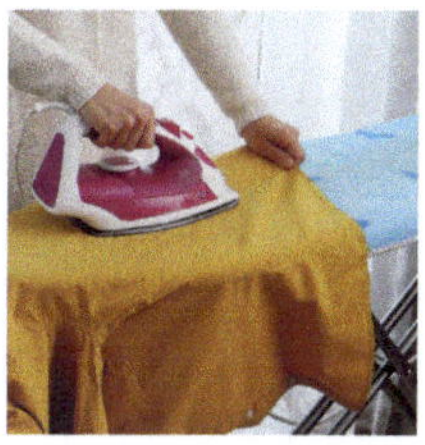

das Bügeleisen
das Bügelbrett

den Boden wischen

der Eimer
der Wischmopp
das Putzmittel

die Wäsche waschen

die Waschmaschine
das Waschmittel
der Wäscheständer

2.2. Mülltrennung

2.3. Wäsche waschen

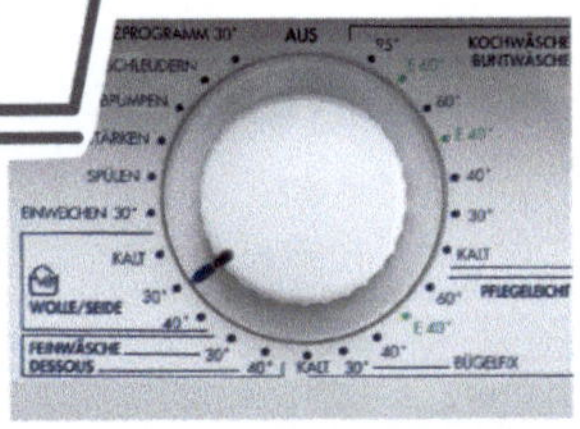

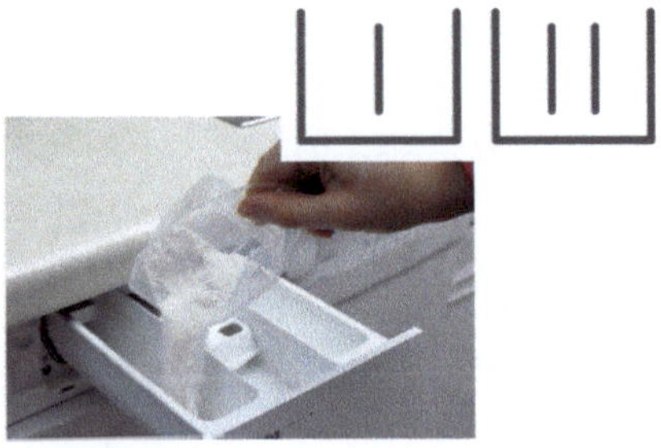

Waschmittel
sehr schmutzig ⇒ viel
ein bisschen schmutzig ⇒ wenig

Vorsicht:
Nur mit der Hand waschen,
nicht in der Waschmaschine!

Ü 2.1. Sehen Sie sich den Putzplan an.
Wer macht was? Kreuzen Sie an.

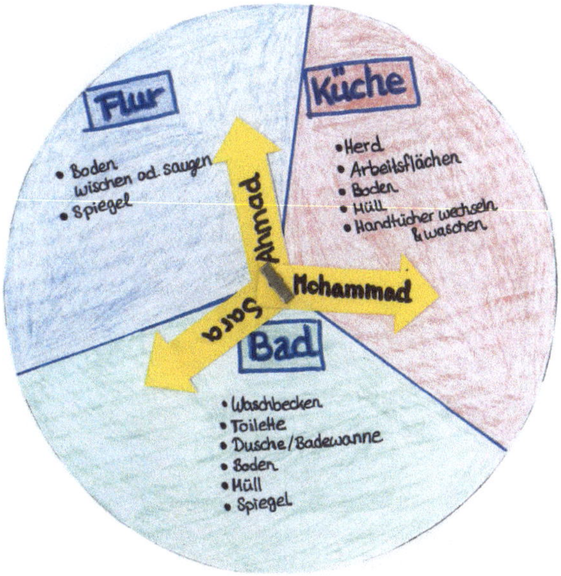

	Ahmad	Mohammad	Sara
Toilette putzen			
Waschbecken säubern			
Müll rausbringen			
Boden wischen			
Handtücher wechseln			
Herd putzen			
Arbeitsflächen putzen			
Spiegel putzen			

Ü 2.2. Ordnen Sie zu: Was brauchen Sie zum …

… Geschirrspülen? 8 ☐ ☐ ☐

… Boden wischen? ☐ ☐ ☐

… Toilette putzen? ☐ ☐ ☐

Ü 2.3. Was kommt in welche Tonne? Verbinden Sie.

3. Rund ums Haus

1 die Haustür	5 der Schlüssel	9 die Zeitung
2 der Briefkasten	6 die Treppe	10 das Licht
3 die Klingel	7 das Paket	
4 die Hausnummer	8 der Name	

3.1. An der Tür

klingeln

aufmachen

zumachen

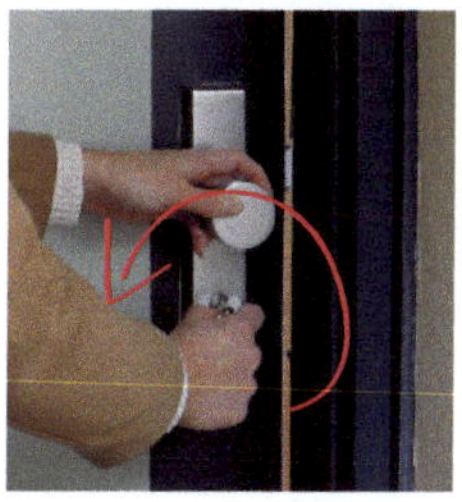

aufsperren

zusperren

offen/auf

zu

3.2. Post bekommen und verschicken

der Vorname: Sabine

der Nachname: Meier-Hofer

die Straße: Berenhorststraße

die Hausnummer: 7

die Postleitzahl (= PLZ): 13403

der Ort: Berlin

das Land: Deutschland

- Eine Briefmarke für einen kleinen Brief kostet 95 Cent.
- Ein 5 kg schweres Paket kostet 7,69€.
- Beachten Sie: Nur der Empfänger/die Empfängerin darf den Brief öffnen!

Stand: September 2025

Ü 3.1. Welches Wort passt? Ordnen Sie zu.

zusperren

aufsperren

zumachen

aufmachen

„Kannst du bitte das Fenster ____________, mir ist kalt."

„Kannst du bitte die Tür ____________, ich habe die Hände voll."

„Kannst du nach dem Duschen bitte das Fenster ____________?"

„Ich kann nicht ____________, ich habe keinen Schlüssel."

Ü 3.2. Welche Antwort ist richtig? Kreisen Sie ein: Ja Nein

Die Tür ist geschlossen.

Ja Nein

Das Fenster ist zu.

Ja Nein

Die Tür ist auf.

Ja Nein

Das Fenster ist offen.

Ja Nein

Ü 3.3. Wer sagt was? Verbinden Sie.

Ich heiße Peter Müller.
Ich wohne in der Schillerstraße 3 in Entenhausen. Meine Postleitzahl ist 17654.

Ich heiße Frida Meier.
Ich wohne im Holzweg 7 in Hinzburg.
Die Postleitzahl ist 97865.

Ich heiße Laura Schön.
Ich wohne in der Friedensallee 17
in 89677 München.

Adressieren Sie die Briefe an die 3 Personen.

Ü 3.4. Was kostet ein Paket (2 kg, 5 kg, 10 kg) in Ihr Heimatland?

4. Zusammen leben

- 1 die Heizung
- 2 der Bohrer
- 3 der Lautsprecher
- 4 die Stereoanlage
- 5 die Hausordnung
- 6 die Party
- 7 die Uhr
- 8 das Waschbecken
- 9 die Wand
- 10 die Decke
- 11 der Boden
- 12 reparieren

4.1. Lärmschutz und Ruhezeiten

Wissen Sie nicht, wie spät es ist? Es ist 22:15 Uhr!

Was ist das Problem?

Schauen Sie in die Hausordnung!

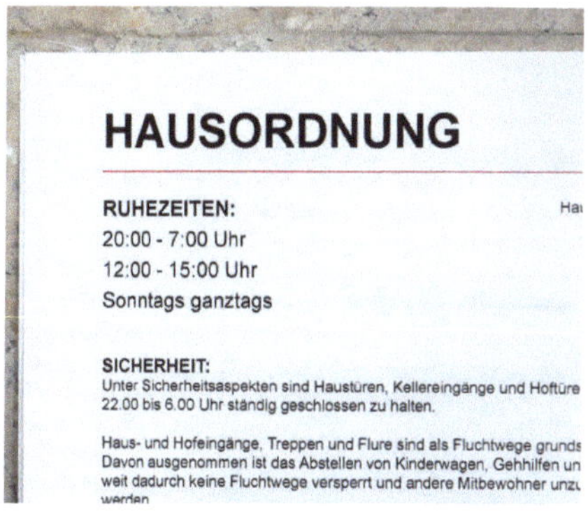

Was macht Lärm?

laut Musik hören • laut reden • Wäsche waschen • bohren • hämmern • staubsaugen

4.2. Etwas ist kaputt.

Die Heizung ist kaputt und es gibt kein warmes Wasser.
Sie müssen den Hausmeister/die Hausverwaltung anrufen.

1. Hinze hier. Guten Tag.

2. Guten Tag. Hier ist Ahmet Demirci. Unsere Heizung ist kaputt. Es gibt auch kein warmes Wasser.

3. Ich verstehe. Ich komme morgen um 10 Uhr zu Ihnen.

4. Vielen Dank. Bis morgen!

4.3. Energie und Strom sparen

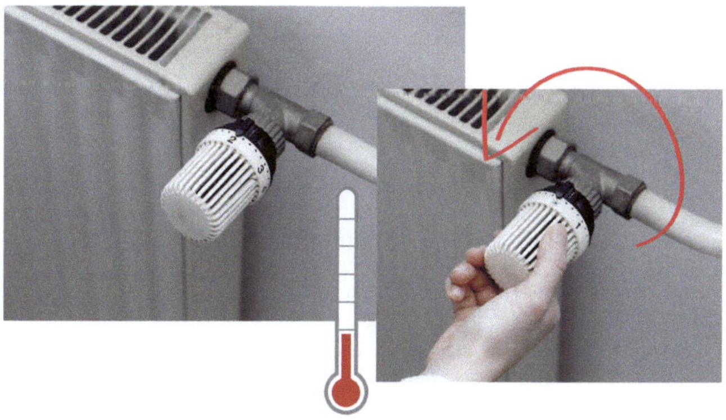

In der Nacht: Machen Sie die Heizung aus!
Der Raum ist leer: Machen Sie die Heizung aus!

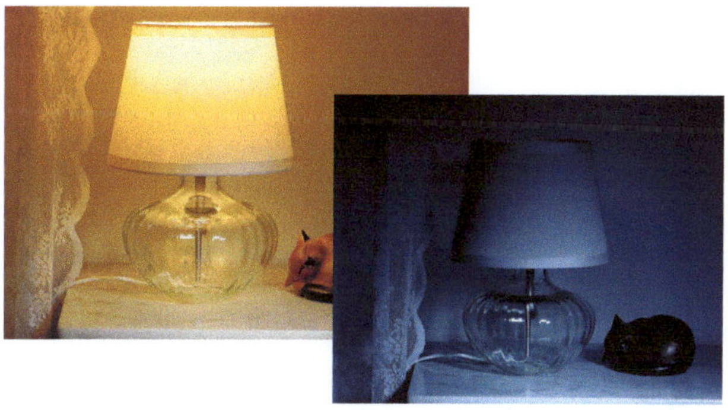

In der Nacht: Machen Sie das Licht aus!
Der Raum ist leer: Machen Sie das Licht aus!

Ü 4.1. Darf ich das um diese Uhrzeit? Kreuzen Sie an.

			ja	nein	Weiß ich nicht
	Montag (Abend)	Darf ich staubsaugen?	☐	☐	☐
	Sonntag (Abend)	Darf ich Wäsche waschen?	☐	☐	☐
 16:08	Mittwoch (Nachmittag)	Darf ich kochen?	☒	☐	☐
 12:00	Samstag (Mittag)	Darf ich bohren oder hämmern?	☐	☐	☐
	Montag (Vormittag)	Darf ich laute Musik hören?	☐	☐	☐

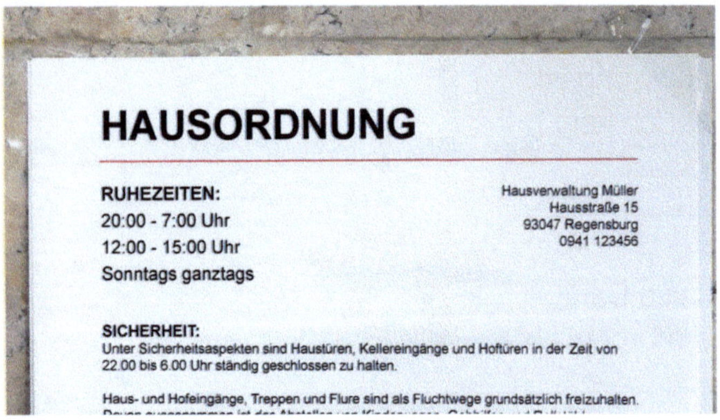

Ü 4.2. Bringen Sie das Telefonat in die richtige Reihenfolge. Nummerieren Sie (1-6).

- ☐ Vielen Dank, bis morgen!
- ☐ Sind Sie der Hausmeister?
- ☐ Ich komme morgen um 12 Uhr.
- ☐ Ja. Wie kann ich Ihnen helfen?
- 1 Guten Tag, hier Hinze.
- ☐ Unsere Waschmaschine ist kaputt.

Ü 4.3. Was ist kaputt? Können Sie das selbst oder müssen Sie den Hausmeister anrufen? Kreuzen Sie an.

		selbst	Hausmeister
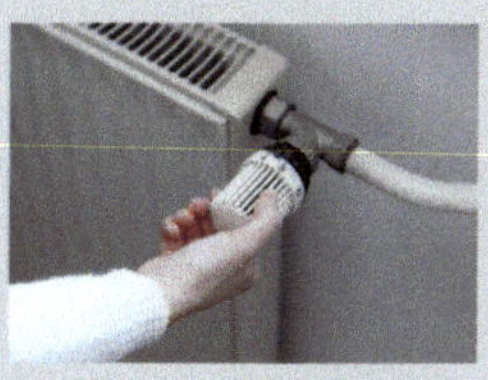	Die Heizung ist kaputt.	☐	☐
	Die Glühbirne ist kaputt.	☐	☐
	Ich habe kein warmes Wasser.	☐	☐
	Die Waschmaschine ist kaputt.	☐	☐
	Der Abfluss ist verstopft.	☐	☐
	Der Fernseher ist kaputt.	☐	☐

Ü 4.4. Haben Sie einen Hausmeister? Wie können Sie ihn erreichen?

Zum Kapitel

Thematische Schwerpunkte

Essgewohnheiten, gesunde und ungesunde Ernährung, Getränke, zusammen kochen

Hintergrundinformationen

Viele Lebensmittel, Gerichte und Ess- und Trinkgewohnheiten, die in Deutschland üblich sind, sind für Geflüchtete neu. Sie müssen Zutaten besorgen und auch mit unbekannten Lebensmitteln kochen. Viele Ehrenamtliche werden zum Dank zum Essen eingeladen, hier bietet sich ein interkultureller Austausch über Gerichte und Essgewohnheiten besonders an (z.B. Brot als Beilage, Drei-Gänge-Menü, höfliche Ablehnung bei Sättigungsgefühl etc.).

Zentrale Handlungen in diesem Bereich sind:

- Lebensmittel in Deutschland benennen können
- über Essgewohnheiten sprechen
- gesunde und ungesunde Ernährung unterscheiden
- Risiken von Alkohol kennen
- auf Inhalte in bestimmten Lebensmitteln achten (Schweinefleisch, Alkohol, Zucker, Vitamine)

Vermittlungshinweise

Über das Einstiegsbild, das viele verschiedene Lebensmittel und Getränke abbildet, wird wichtiges Vokabular zu den Themen „Essen" und „Trinken" präsentiert. Die Mini-Situationen veranschaulichen einige Hinweise zu den Lebensmitteln und Getränken. Bitte machen Sie hier darauf aufmerksam, dass in manchen Lebensmitteln Alkohol oder Schweinefleisch (z.B. Schweinegelatine bei Gummibärchen, gemischtes und reines Schweinehackfleisch) enthalten ist, und erklären Sie, wie diese Inhaltsstoffe bei Lebensmitteln ausgewiesen sind. Wichtig ist auch die Kennzeichnung von Halal-Produkten, die in vielen arabischen Lebensmittelgeschäften zu kaufen sind.

Auch sollten Sie die Risiken von Alkohol thematisieren und die Folgen von Alkoholkonsum betonen (Sucht, Alkoholvergiftung, Fahruntüchtigkeit auch auf dem Fahrrad etc.).

In Bezug auf die Ess- und Trinkgewohnheiten können weiterhin – da in Deutschland zunehmend relevant – Besonderheiten wie vegetarische, vegane, laktose-, und glutenfreie Ernährung angesprochen werden, ebenso die Palette an angebotenen Kaffeespezialitäten (Milchkaffee, Capuccino, Espresso, Latte Macchiato ...).

Hinweis zur Binnendifferenzierung: Deutsche Artikelwörter und damit das grammatische Genus sowie Pluralformen können thematisiert und eingeübt bzw. wiederholt werden (z.B. das Gummibärchen, die Gummibärchen; der Apfel, die Äpfel etc.). Außerdem können Kochrezepte gelesen oder sogar (in Infinitivform) selbst verfasst werden (z.B. „Mein Lieblingsgericht").

Linktipps

- Tipps zur gesunden Ernährung (auch während der Schwangerschaft):
  www.zentrum-der-gesundheit.de/gesunde-ernaehrung.html
- Faltblätter des Kompetenzzentrums für Ernährung (Kern) zum Download, zu Baby- und Kleinkindnahrung
  www.kern.bayern.de/publikationen/112053/index.php
- Bundeszentrale für gesundheitliche Aufklärung (v.a. Risiken von Alkohol):
  www.kenn-dein-limit.de/
- Hinweise zu Halal-Produkten in Deutschland:
  www.halal.de/
- Ernährungstipps für alternative Ernährung:
  www.3pauly.de/alltagstipps/
- viele verschiedene einfache Rezepte zum Nachkochen:
  www.essen-und-trinken.de/schnelle-rezepte

1. Essgewohnheiten

das Besteck

das Geschirr

Internationale Gerichte

Traditionelle deutsche Gerichte

1.1. Beim Imbiss

1.2. Frühstück in Deutschland

1 das Müsli	6 das Ei	11 der Orangensaft
2 die Milch	7 die Marmelade	12 der Frischkäse
3 der Toast	8 der Honig	13 das Salz
4 der Kaffee	9 der Käse	14 das Brot
5 die Butter	10 die Wurst	15 das Brötchen

Ü 1.1. Was isst man in Deutschland normalerweise zuerst, was am Ende? Ordnen Sie zu.

Ü 1.2. Servieren Sie ein traditionelles deutsches Frühstück, Mittagessen und Abendbrot. Verbinden Sie.

Ü 1.3. Was essen Sie zum Frühstück, zum Mittagessen und zum Abendessen? Was ist ein traditionelles Essen in Ihrem Land?

2. Gesunde und ungesunde Ernährung

gesund

- die Gurke
- die Milch
- der Apfel
- die Birne
- der Kopfsalat
- die Karotte
- der Naturjoghurt
- der Reis
- das Wasser

ungesund

1 der Alkohol

2 die Schokolade

3 das Fastfood
(der Burger, die Pommes)

4 die Sahne

5 die Torte

6 die Chips

7 die Gummibärchen

8 der Keks

2.1. Was ist gesund?

viel Zucker ⟶ ungesund

viel Fett ⟶ ungesund

viel Salz ⟶ ungesund

Durchschnittliche Nährwerte pro 100 ml	
Energie	166 kJ/40 kcal
Fett	3,1 g
davon gesättigte Fettsäuren	0,3 g
Kohlenhydrate	1,7 g
davon Zucker	1,7 g
Ballaststoffe	0,7 g
Eiweiß	1,0 g
Salz	0,11 g

viele Vitamine ⟶ gesund

viel Eiweiß ⟶ gesund

2.1. Vorsicht!

Pilze schmecken gut. Aber Achtung: Viele Pilze sind giftig! Pilze aus der Natur nicht essen!

i

Achtung: In Schnitzel, Wurst, Schinken und Hackfleisch ist oft Schweinefleisch. Aber es gibt auch Puten-schnitzel, Rinderhack-fleisch und Tofuwürst-chen.

i

Ist das Schweinefleisch?

**Ü 2.1. Was ist das? Ist das gesund oder ungesund?
Verbinden Sie und kreuzen Sie an.**

	gesund	ungesund
die Tomate	☐	☐
die Schokolade	☐	☐
die Gurke	☐	☐
die Birne	☐	☐
das Fastfood	☐	☐
die Sahne	☐	☐

**Ü 2.2. Was ist gesunde Ernährung? Was soll man wie oft essen oder trinken?
Kreuzen Sie an.**

	oft	manchmal	selten	nie
Wasser	☐	☐	☐	☐
Cola	☐	☐	☐	☐
Kuchen	☐	☐	☐	☐
Kartoffeln	☐	☐	☐	☐
Fast-Food	☐	☐	☐	☐
Pilze aus dem Wald	☐	☐	☐	☐

Ü 2.3. Was ist da drin? Ordnen Sie zu.

der Burger — die Ananas — die Gurke — die Chips — die Karotte

viel Zucker — viele Vitamine — viel Salz — viel Fett

die Pommes — die Kartoffel — die Sahnetorte — die Gummibärchen — die Brezel — der Keks

3. Getränke

1 der Tee
2 der Kamillentee
3 der Kaffee
4 die Milch
5 der Smoothie
6 das Wasser
7 der Orangensaft
8 die Limonade
9 die Cola
10 der Wein
11 der Sekt
12 der Schnaps
13 das Bier

3.1. Hinweise zu Getränken

In Bier, Wein und Schnaps ist Alkohol.

Bier hat weniger Alkohol, Wein hat mehr Alkohol und Schnaps hat am meisten Alkohol.
Kein Bier unter 16 Jahren. Kein Wein und Schnaps unter 18 Jahren.

Viel Alkohol ist ungesund!

Wasser ist gesund.
Trinken Sie viel Wasser!

Leitungswasser kann man in Deutschland trinken.

Achtung: kein Trinkwasser!

3.2. Gerichte und Lebensmittel mit Alkohol

Manchmal ist auch in Lebensmitteln Alkohol, z.B. in Tiramisu, Pralinen, Torten, Soßen.
Fragen Sie!

Ü 3.1. Was ist das? Ist da Alkohol drin? Verbinden Sie und kreuzen Sie an: immer, manchmal oder nie.

	manchmal	immer	nie
der Tee	☐	☐	☐
der Kakao	☐	☐	☐
der Milchshake	☐	☐	☐
der Sekt	☐	☐	☐
das Bier	☐	☐	☐
das Wasser	☐	☐	☒
der Tequila	☐	☐	☐

Alkohol?

Ü 3.2. Was trinken Sie morgens, mittags und abends? Vergleichen Sie in der Gruppe.

	morgens	mittags	abends
Kaffee	☐	☐	☐
schwarzen Tee	☐	☐	☐
grünen Tee	☐	☐	☐
Wasser	☐	☐	☐
Alkohol	☐	☐	☐
Saft	☐	☐	☐
Limonade	☐	☐	☐
Cola	☐	☐	☐
etwas anderes: ____________	☐	☐	☐

Ü 3.3. Was trinkt man in Ihrem Heimatland gerne? Welche Unterschiede gibt es zu Deutschland?

4. Zusammen kochen

- 1 der Topf
- 2 der Honig
- 3 die Petersilie
- 4 die Chilischoten
- 5 das Paprikapulver
- 6 das Olivenöl
- 7 der Granatapfelsirup
- 8 der Pfeffer
- 9 die Zitrone
- 10 die Avocado
- 11 die Paprika
- 12 die Gurke
- 13 die Karotte
- 14 die Frühlingszwiebel
- 15 das Salz
- 16 die Kichererbsen
- 17 das Messer

4.1. Wie macht man Pfannkuchen?

Zutaten (für den Teig)
4 Eier
350ml Milch
50ml Mineralwasser
1 Prise Salz
200g Mehl
Öl zum Braten

1 Eier schaumig schlagen und mit Milch verrühren.

2 Restliche Zutaten hinzugeben und verrühren.

3 15 Minuten stehen lassen.

4 Öl in die Pfanne geben und auf dem Herd erhitzen.

5 Etwas Teig in die Pfanne geben und verteilen.

6 Auf beiden Seiten goldbraun backen.

Pfannkuchen schmecken...
- ...süß: z.B. mit Marmelade, Apfelmus, Zimt und Zucker
- ...salzig: z.B. mit Käse oder Gemüse

Und nun: Guten Appetit!

Pfannkuchen heißen auch Eierkuchen oder Palatschinken.

Ü 4.1. Was braucht man für Tomatensuppe, Lammeintopf und Pfannkuchen? Ordnen Sie zu.

- Tomaten
- Milch
- Eier
- Topf
- saure Sahne
- Mineralwasser
- Paprika
- Zimt

- Mehl
- Pfanne
- Salz
- Zwiebel
- Knoblauch
- Öl
- Lammfleisch

Ü 4.2. Zusammen kochen und essen. Welche Antwort passt? Verbinden Sie.

Wo ist die Milch?	Wir haben keine mehr. Ich gehe zum Einkaufen.
Haben wir noch Eier?	Nein danke, ich bin satt.
Möchtest du noch mehr Kartoffeln?	Ja, ich! Mit Milch und ohne Zucker.
Schmeckt es euch?	Im Kühlschrank.
Ist das Schweinefleisch?	Schmeckt super, danke.
Was kochen wir heute?	Nein, das ist Rind.
Möchte jemand einen Kaffee?	Ich habe Lust auf Fleisch.

Ü 4.3. Welche Zutaten brauchen Sie für Ihr Lieblingsessen? Schreiben Sie eine Einkaufsliste und notieren Sie, wo Sie diese Zutaten kaufen können.

Zum Kapitel

Thematische Schwerpunkte
Notfälle, Ärzte und Krankheiten, Arztbesuch, Medikamente

Hintergrundinformationen
Bei gesundheitlichen Fragen und Behandlungen können Verständigungssprobleme sowie kulturelle/religiöse Unterschiede auf beiden Seiten zu Komplikationen und Missverständnissen führen. Für die Behandlung beim Arzt benötigen Geflüchtete je nach Aufenthaltsstatus einen Behandlungsschein oder eine Gesundheitskarte bzw. Krankenversicherungskarte. Art und Umfang der Versorgung variieren ebenfalls je nach erfolgter Aufenthaltsdauer. Falls keine ausreichende Verständigungsmöglichkeit mit dem Patienten besteht, kann formlos beim zuständigen Sozialhilfeträger ein Dolmetscher angefordert werden. Die Kosten hierfür übernimmt der Sozialhilfeträger. Aus kulturbedingten, religiösen oder persönlichen Gründen wollen oftmals mehrere Familienmitglieder gemeinsam mit dem Patienten in den Besprechungs- oder Behandlungsraum gehen. Das ist in Deutschland eher unüblich und kann zu Missverständnissen führen. Weibliche Patienten bestehen möglicherweise aus denselben Gründen auf die Behandlung durch eine Ärztin. Für viele Geflüchtete ist die in Deutschland streng eingehaltene ärztliche Schweigepflicht nicht selbstverständlich.

Gehen Sie auch auf Medikamente, Wirkungen und mögliche unerwünschte Nebenwirkungen ein. Durch die Einnahme von Medikamenten (z.B. Psychopharmaka) könnten die Patienten tagsüber in der Schule, im Deutschkurs und anderswo teilnahmslos, müde und abwesend wirken.

Zentrale Handlungen in diesem Themenbereich sind:
- Verhalten im Notfall
- über Krankheiten und Schmerzen sprechen
- Verhalten beim Arzt
- Medikamente kaufen und einnehmen

Vermittlungshinweise
Zum Einstieg werden verschiedene Unfallszenarien vorgestellt. Die darauf folgenden Mini-Situationen zeigen das erforderliche Verhalten nach einem Unfall und bei gesundheitlichen Problemen sowie den dafür relevanten Wortschatz und Redemittel (Körperteile, Beschwerden). Außerdem werden das Verhalten beim Arzt und der (korrekte) Umgang mit Medikamenten behandelt. Die Dialoge bieten sich gut für Rollenspiele an. Wenn möglich, sollten die Asylbewerber bereits mit dem Anamnesebogen oder Patientendokumentationsbogen (Downloads s.u.) vertraut gemacht werden: persönliche Daten, Name des Hausarztes, Krankengeschichte, Allergien, sonstige Gewohnheiten (Rauchen, Medikamente) etc.

Linktipp

- Informationen zum Thema Gesundheit und Vorsorge:
  www.bamf.de/DE/Willkommen/GesundheitVorsorge/gesundheitvorsorge-node.html

1. Notfälle

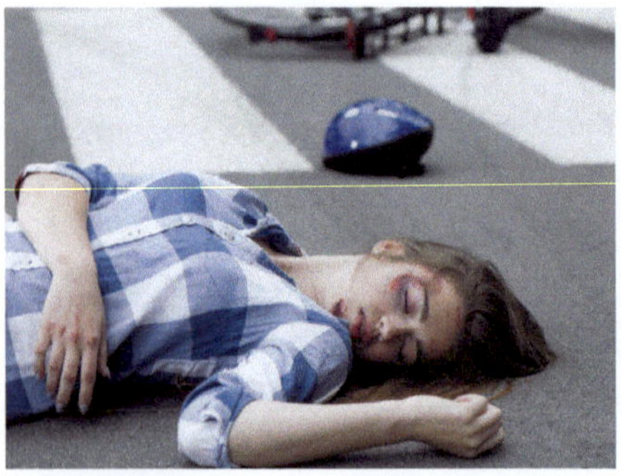

der Unfall

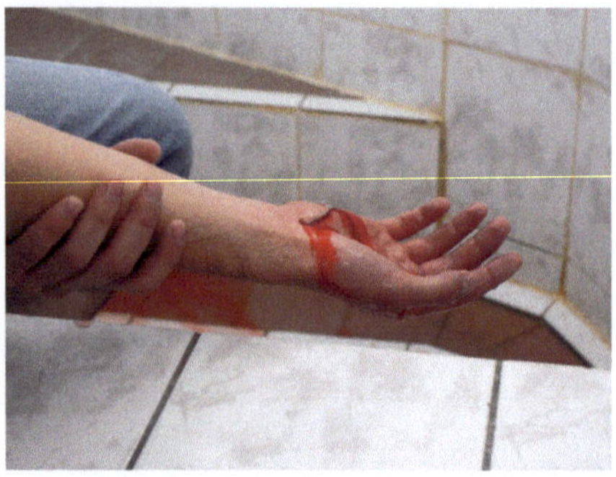

der Schnitt

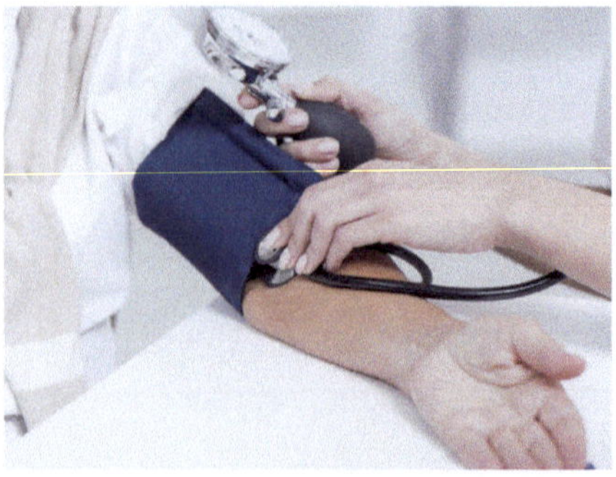

der Bluthochdruck

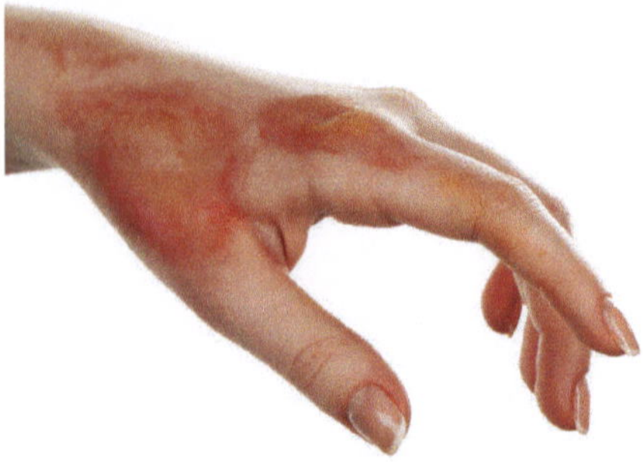

die Verbrennung

der Stromschlag

die Schwangerschaft

der Bruch
die Prellung

die Ohnmacht
die Bewusstlosigkeit

die Vergiftung

1.1. Notrufnummern

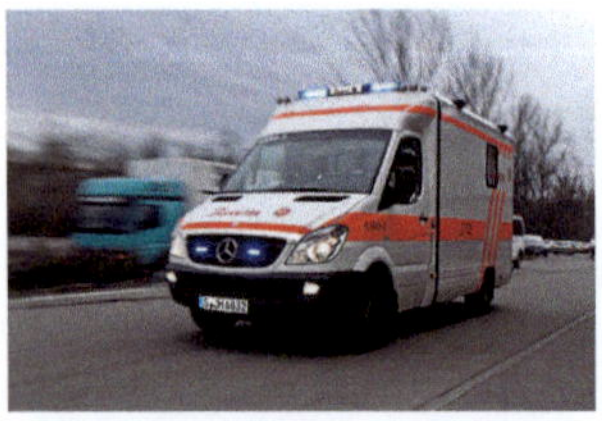

der Rettungswagen

die Feuerwehr

112 (eins-eins-zwei)

die Polizei

110 (eins-eins-null)

Hier können Sie in Notfällen anrufen.

Der Anruf ist kostenlos!

1.2. Den Notarzt rufen

1. Wo ist etwas geschehen?
2. Was ist geschehen?
3. Wie viele Personen sind betroffen?
4. Welche Art von Verletzung liegt vor?
5. Warten auf Rückfragen!

112

5 — Atmet die Person?

Ist die Person bei Bewusstsein?

1 — Ecke Ludwigstraße und Theresienstraße.

2 — ein Verkehrsunfall

3 — eine junge Frau

4 — ein Bruch oder eine Prellung

1.3. Körperteile benennen

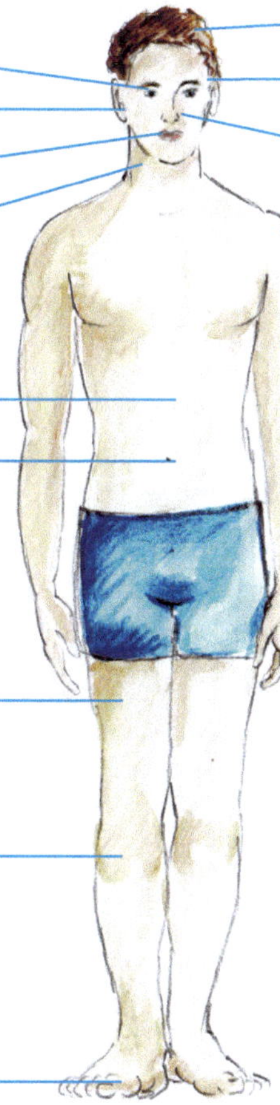

Ü 1.1. Was ist los? Verbinden Sie.

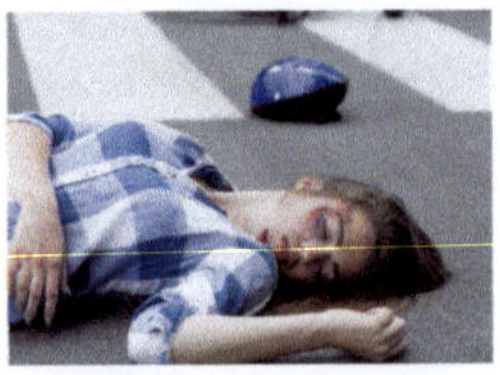

Mein Kind hat sich die Hand verbrannt.

Meine Frau bekommt keine Luft mehr.

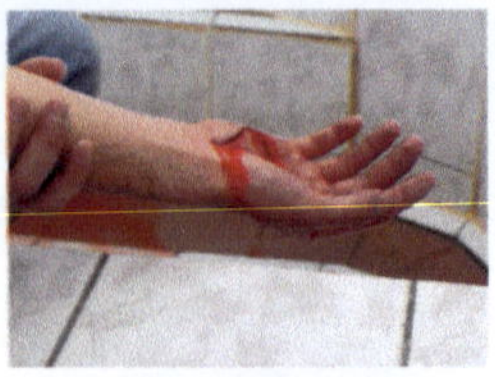

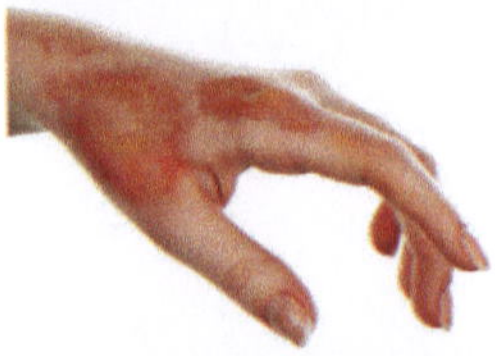

Eine Frau hatte einen Verkehrsunfall.

Das Bein ist gebrochen.

Er hat vielleicht einen Herzinfarkt.

Sie ist in Ohnmacht gefallen.

Mein Finger blutet sehr stark.

Ich habe starke Bauchschmerzen.

Ü 1.2. Was ist los? Verbinden Sie.

Wo ist etwas geschehen?

Was ist geschehen?

Wie viele Personen sind betroffen?

Welche Art von Verletzung liegt vor?

Mein Mann ist hingefallen. Er ist bewusstlos.

Ein Kind.

Bei mir zu Hause. Martinstraße 5.

Unten am Bahnsteig.

Eine Wunde am Kopf mit viel Blut.

Ein Schnitt.

Zwei Männer.

An der U-Bahnstation Westend.

Mein Kind hat Spülmittel getrunken.

2. Ärzte und Krankheiten

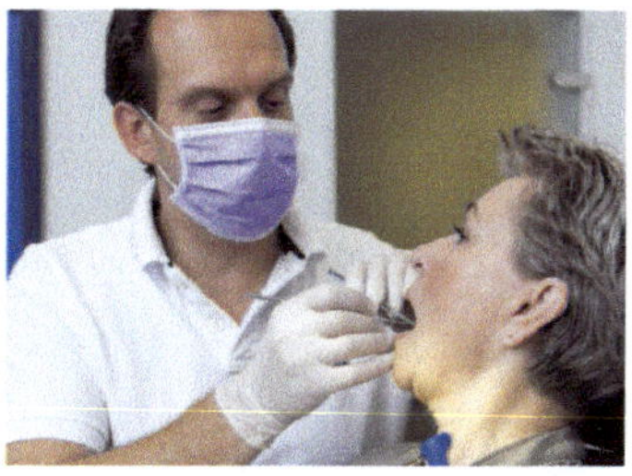
der Zahnarzt

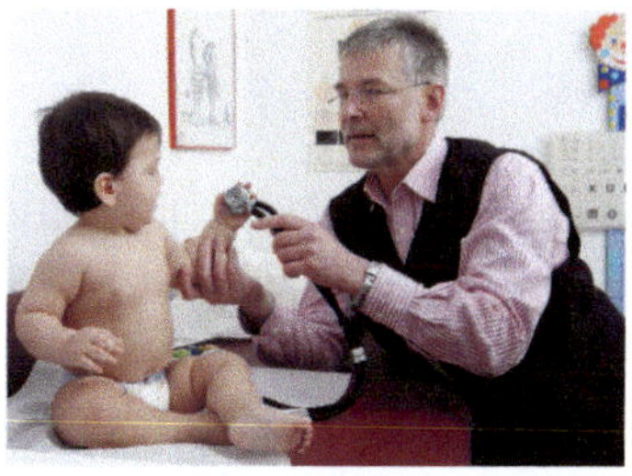
der Kinderarzt

die Augenärztin

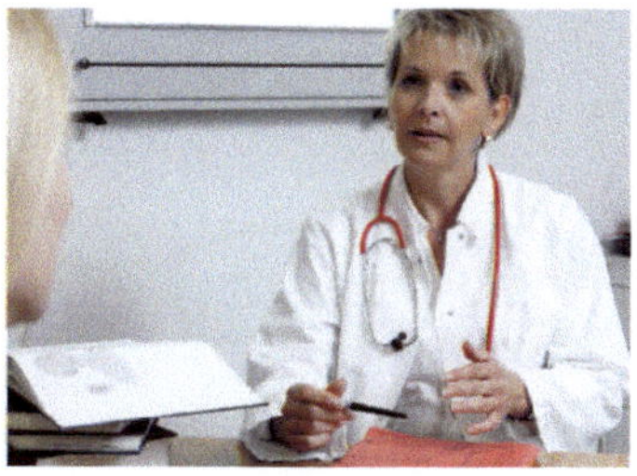
die Hausärztin
die Ärztin für Allgemeinmedizin

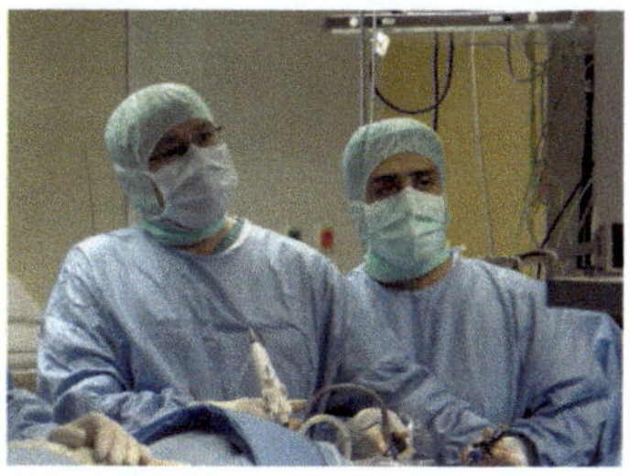
der Chirurg

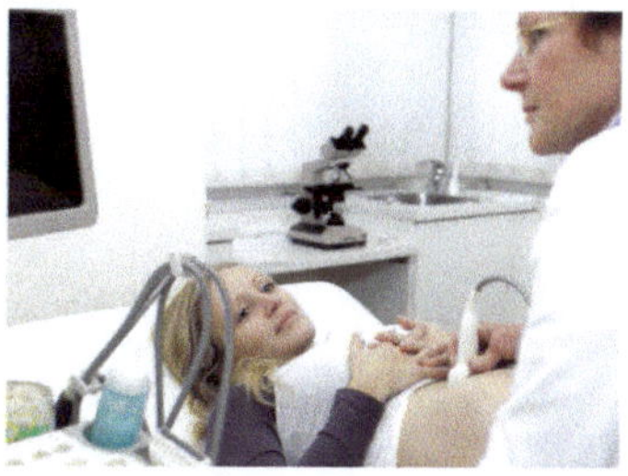
die Frauenärztin
die Gynäkologin

2.1. Beschwerden

die Übelkeit

der Schnupfen

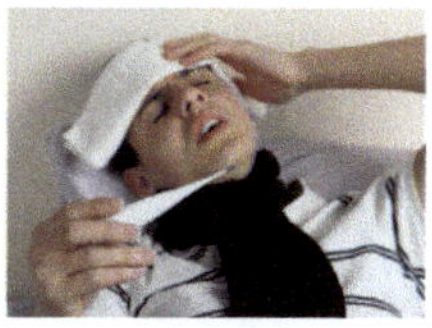
das Fieber

der Husten

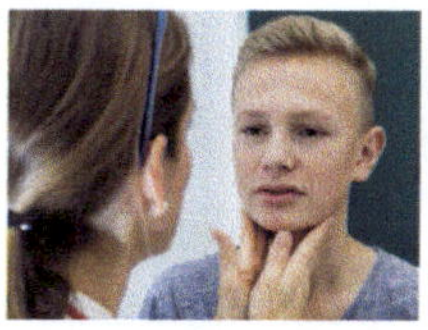
die Hals-schmerzen

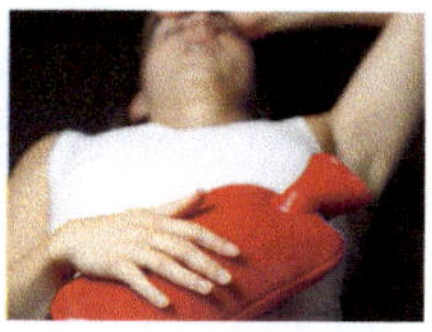
die Bauch-schmerzen

die Kopf-schmerzen

die Zahn-schmerzen

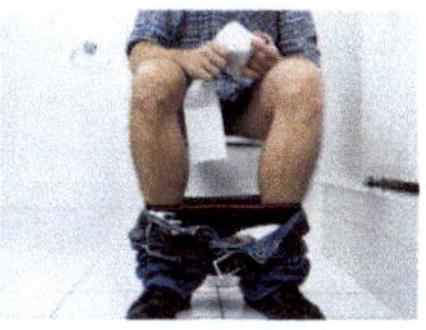
der Durchfall

die Rücken-schmerzen

das Schwindel-gefühl

die Ohren-schmerzen

2.2. Weniger Krankheiten durch Hygiene

Eigenes Geschirr benutzen!

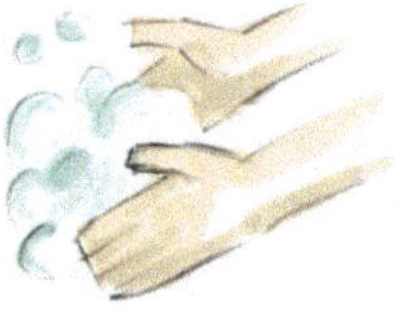
Hände waschen!

Eigenes Handtuch benutzen!

Flüssigseife benutzen!

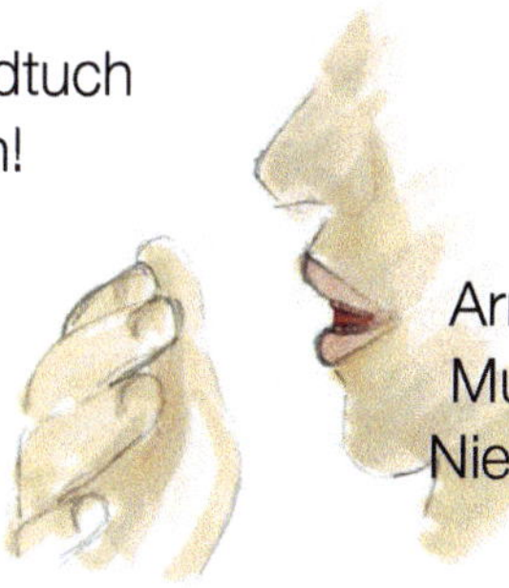
Armbeuge vor den Mund halten (beim Niesen und Husten)!

Eigene Zahnbürste benutzen!

Ü 2.1. Was ist los und welcher Arzt passt? Verbinden Sie.

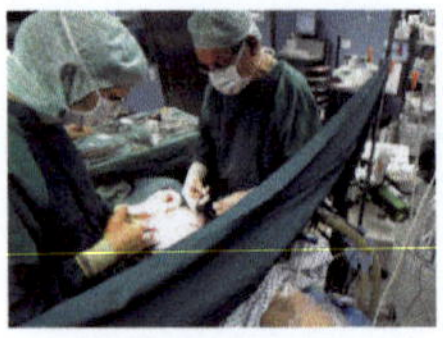

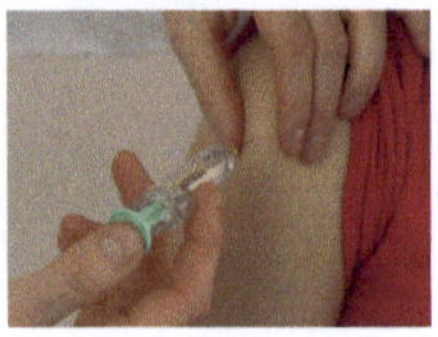
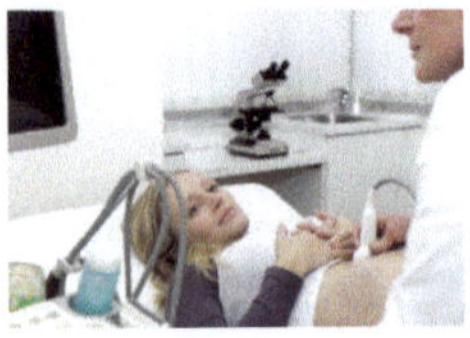

die Zahnschmerzen	die Frauenärztin
die Schwangerschaft	der Zahnarzt
die Kinderimpfung	der Hausarzt
die Operation	der Kinderarzt
die Gripppe	der Chirurg

Ü 2.2. Finden Sie die Wörter.

FLÜSSIGSEIFESCHNUPFENHANDTUCHIMPFUNGGYNÄKOLOGEZAHNBÜRSTEFIEBERHALSSCHMERZEN

Ü 2.3. Was tut weh? Was fehlt Ihnen? Verbinden Sie.

Mir ist übel.

Ich habe Rückenschmerzen.

Ich bin allergisch gegen Antibiotika.

Mir tut der Hals weh.

Mir ist schwindlig.

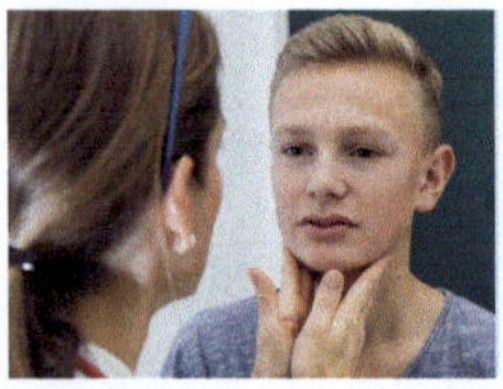

3. Beim Arzt

1 das Praxisschild

2 die Gesundheitskarte (= Versicherungskarte)

3 das Rezept

4 die Sprechstundenhilfe

5 das Wartezimmer

6 der Patient

7 die Zeitschrift

8 die Spielecke

9 der Stuhl

3.1. Einen Termin machen

der Patient

die Sprechstundenhilfe

Praxis Doktor Meier, Müller am Apparat. Was kann ich für Sie tun?

Guten Tag. Mein Name ist Said. Ich bin krank. Kann ich heute kommen?

Wir sind heute schon sehr voll. Aber Sie können um 17:30 Uhr kommen.

Heute 17:30, das ist gut. Vielen Dank!

Bis dann, Herr Said. Vergessen Sie Ihre Gesundheitskarte nicht!

3.2. Was sagt der Arzt?

So, Herr Said. Was fehlt Ihnen denn?

Haben Sie Fieber? Haben Sie Schmerzen?

Haben Sie eine Gesundheitskarte oder einen Behandlungsschein dabei?

Sie müssen zu einem Hals-Nasen-Ohren-Arzt gehen. Ich schreibe eine Überweisung.

3.3. Wieder an der Rezeption

Hier ist die Information für Ihren nächsten Termin. Und hier ist das Rezept. Das Medikament ist rezeptpflichtig.

Praxis Dr. Meier

Ihr nächster Termin

Mo Di Mi Do Fr

05.04.

Datum

14:45 Uhr

Uhrzeit

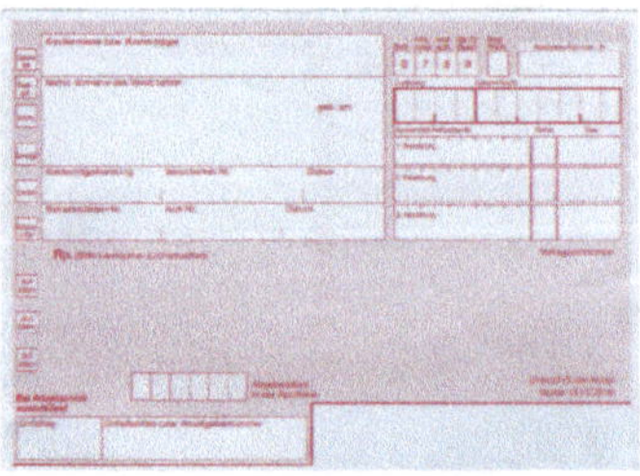

rezeptpflichtig

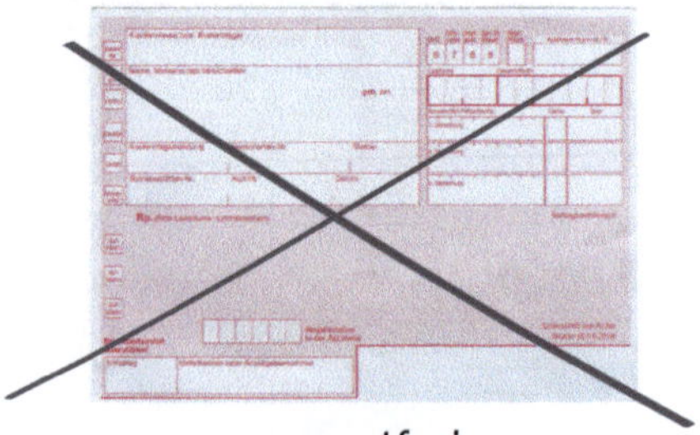

rezeptfrei

Ü 3.1. Ordnen Sie zu.

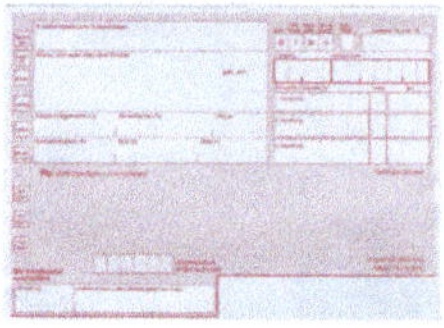

die Sprechstundenhilfe

das Praxisschild

die Versicherungskarte

der Patient

das Rezept

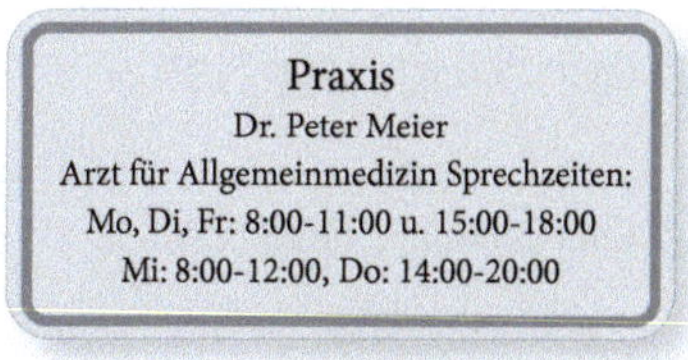

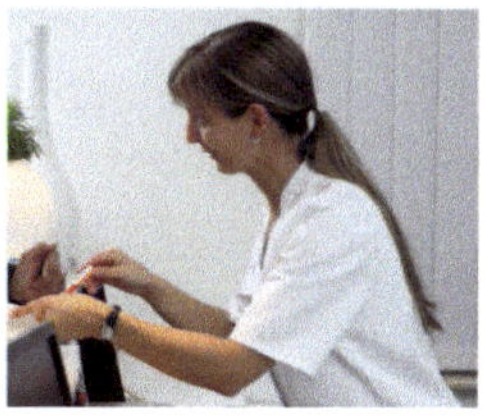

Ü 3.2. Wer sagt das? Arzt oder Patient? Ordnen Sie zu.

Guten Abend, Doktor Meier.

Haben Sie Fieber?

Was fehlt Ihnen?

Ich habe Halsschmerzen und Husten.

Ich habe Kopfschmerzen.

Ich habe 38 Grad Fieber.

Guten Abend, Herr Said.

Ich schreibe ein Rezept für Medikamente.

Sie haben eine Grippe.

der Arzt

der Patient

4. Medikamente

1 die Tablette
2 der Sirup, der Saft
3 die Salbe, das Gel
4 die Creme
5 das Zäpfchen
6 die Augentropfen
7 das Nasenspray
8 die Ampulle und die Spritze
9 das Pflaster
10 der Verband

die Apotheke

4.1. Medikamente einnehmen

einmal pro Tag (1/24):	1 – 0 – 0 nur morgens 0 – 1 – 0 nur mittags 0 – 0 – 1 nur abends
zweimal pro Tag (2/24):	1 – 1 – 0 morgens und mittags 1 – 0 – 1 morgens und abends 0 – 1 – 1 mittags und abends
dreimal pro Tag (3/24)	1 – 1 – 1 morgens, mittags und abends
viermal pro Tag (4/24)	alle 6 Stunden

vor den Mahlzeiten

zwischen den Mahlzeiten

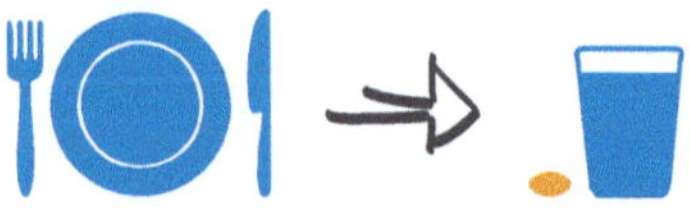
nach den Mahlzeiten

4.2. Schutz und Verhütung

Schutz vor ungewollter Schwangerschaft:

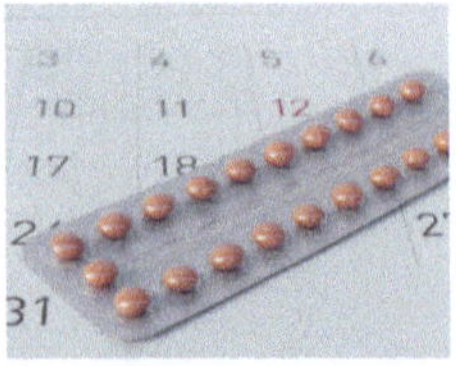
Kondome oder Pille

Schutz vor Geschlechtskrankheiten und HIV/AIDS:

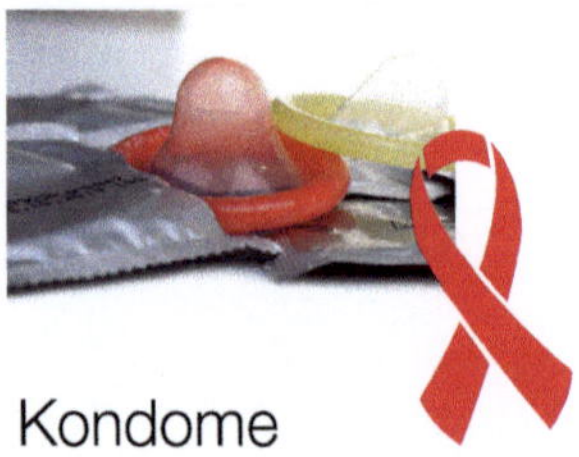
Kondome

Ü 4.1. Was ist das? Ergänzen Sie das Kreuzworträtsel.

1 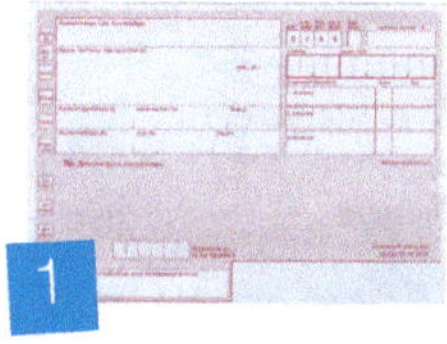

2 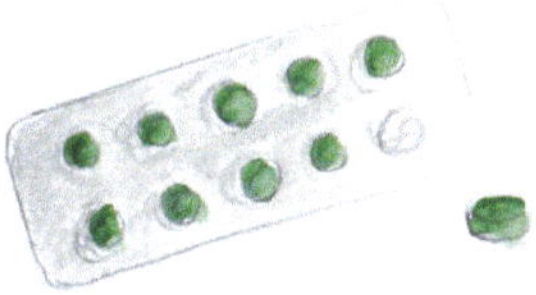

3 

4 

5 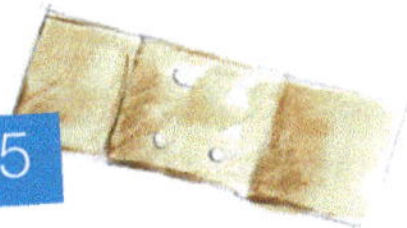

6 

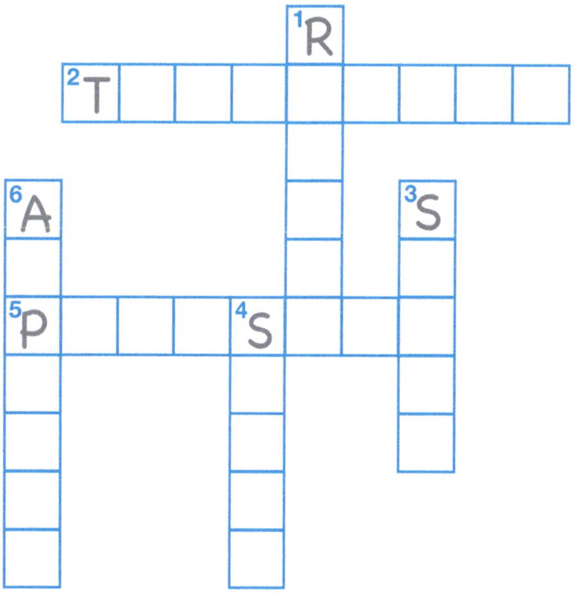

Ü 4.2. Wann soll ich das Medikament nehmen? Verbinden Sie.

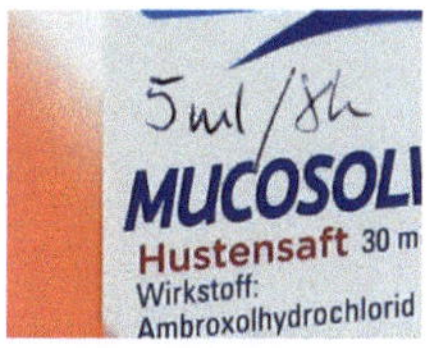

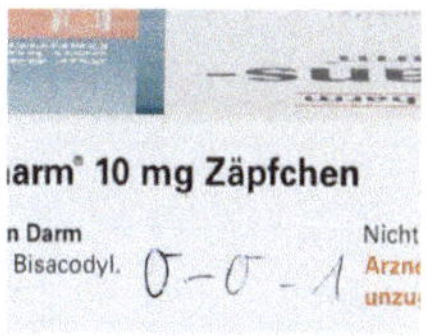

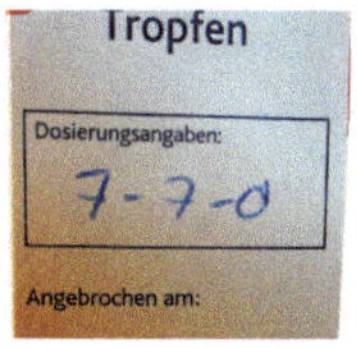

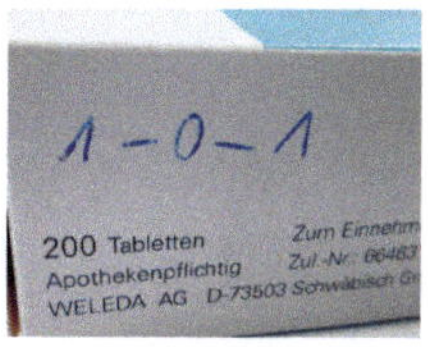

- sieben Tropfen morgens und mittags
- ein Zäpfchen nachts
- eine Tablette morgens und abends
- fünf Milliliter dreimal am Tag

Ü 4.3. In der Apotheke. Welche Antwort passt? Ordnen Sie zu.

Haben Sie etwas gegen Rückenschmerzen?	3 mal pro Tag.
Wann muss ich die Tabletten einnehmen?	Ja, zum Beispiel Aspirin und Thomapyrin.
Wie oft muss ich die Tropfen einnehmen?	Ja, wir haben eine wärmende Salbe.
Ich habe starke Kopfschmerzen. Haben Sie Kopfschmerztabletten?	Nein, das müssen wir bestellen. Sie können es morgen abholen.
Ich habe ein Rezept. Haben Sie das Medikament?	Abends nach dem Essen.

Ü 4.4. Wo gibt es die nächste Apotheke?
Welche Apotheke in Ihrer Nähe hat am Sonntag geöffnet?

Zum Kapitel

Thematische Schwerpunkte
Behördengänge, Hilfsorganisationen, Hobbys, Baderegeln, Zusammenleben in Deutschland

Hintergrundinformationen
Im alltäglichen Leben der Asylsuchenden stehen etliche Behördengänge an (Ausländerbehörde, Arbeitsamt, Bürgeramt). Die umfangreichen Hilfs- und Beratungsangebote von sozialen Organisationen (Caritas, ProFamilia, das Rote Kreuz) sind kostenfrei und sollten bei Bedarf in Anspruch genommen werden.

Aber auch Hobbys und Sport spielen eine wichtige Rolle im Leben der Menschen, darunter das Thema Schwimmbadbesuch. In vielen Herkunftsländern der Asylsuchenden ist die Möglichkeit, ein öffentliches Schwimmbad zu besuchen, nicht gegeben. Für viele Geflüchtete stellt das Baden generell und besonders in freien Gewässern, für welche keine Badeaufsicht besteht, eine große Gefahr dar.

Zentrale Handlungen in diesem Bereich:
- Behörden und Handlungen bei Behördengängen kennen
- Angebote sozialer Organisationen kennen und ggf. nutzen
- über Hobbys und Sportarten sprechen
- Baderegeln kennen und einhalten
- in einer multikulturellen Gesellschaft zusammenleben

Vermittlungshinweise
In diesem Kapitel sollte neben der Weitergabe von Informationen zu Behörden und Angeboten insbesondere auf kulturelle Besonderheiten aufmerksam gemacht werden, z.B. Wartemarke ziehen, oder auf die Möglichkeit, öffentliche Spielplätze ohne Entgelt zu nutzen. In der Einheit „Hobbys und Freizeit“ bietet es sich an, die Verben zum Thema in konjugierter Form einzuüben, ebenso wie die Satzfrage („Spielst du gerne Fußball?“, „Machst du Musik?“). In Bezug auf das Thema Schwimmen können Sie ggf. auf lokale Angebote wie Schwimmkurse und muslimisches Frauenschwimmen aufmerksam machen.

Im Unterkapitel „Zusammenleben in Deutschland“ sollten Sie die Herkunftsländer, Nationalitäten und Sprachen Ihrer Lerner ergänzen. Es bietet sich an, kulturell geprägte Verhaltensweisen wie das Siezen und Duzen mit den Bräuchen und Gewohnheiten in den Herkunftsländern zu vergleichen. Um Klischeebildung über Deutschland entgegenzuwirken, gibt es zahlreiche Videos (siehe Link unten).

Linktipps
- Migrationsberatungsstellen in Deutschland: www.bamf.de/SiteGlobals/Functions/WebGIS/DE/WebGIS_Migrationserstberatung.html
- Schuldnerberatung der Caritas (kostenfrei, per Mail oder vor Ort): www.caritas.de/hilfeundberatung/onlineberatung/schuldnerberatung/schuldnerberatung
- Buch über allgemeine kulturelle Unterschiede bzw. Verhaltensregeln in Deutschland von der Konrad-Adenauer-Stiftung (auch als kostenfreie App in Deutsch und Arabisch): www.kas.de/wf/de/33.43117/
- 20 Videos über gängige Klischees über Deutschland, vom Goethe-Institut (für Lerner ab A2): www.goethe.de/deutschlandlabor

1. Bei der Behörde

Öffnungszeiten

Mo-Fr	8:00-12:00
Mo u. Di	14:00-16:00
Do	14:00-19:00

2. OG	Sekretariat Bürgermeister	205	
	Sozialamt	209	
	Steueramt	211	
1. OG	Standesamt	101	
	Verkehrsamt	121	
	Sitzungssaal	125	
EG	Einwohnermeldeamt	003	→
	Fundbüro	005	→
	Poststelle	010	←

1 die Tür

2 die Zimmernummer

3 die Treppe

4 das Infoschild

5 der Stuhl

6 die Anzeigentafel

7 der Wartemarkenautomat

1.1. Welche Behörde?

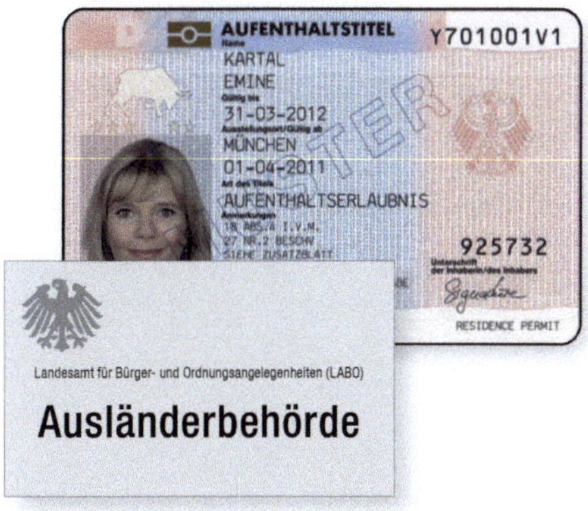

die Ausländerbehörde

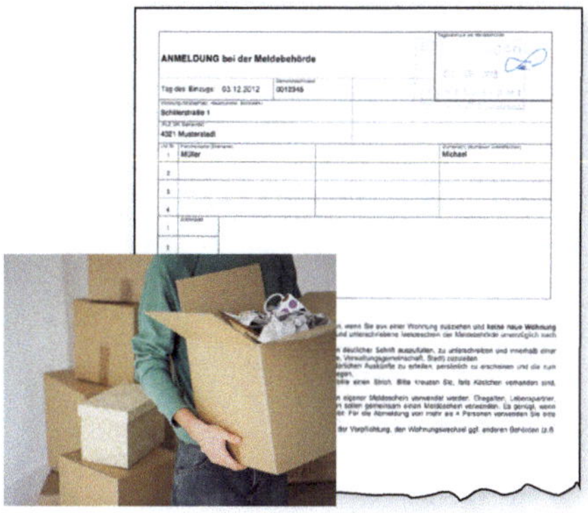

die Meldebehörde
das Bürgerbüro

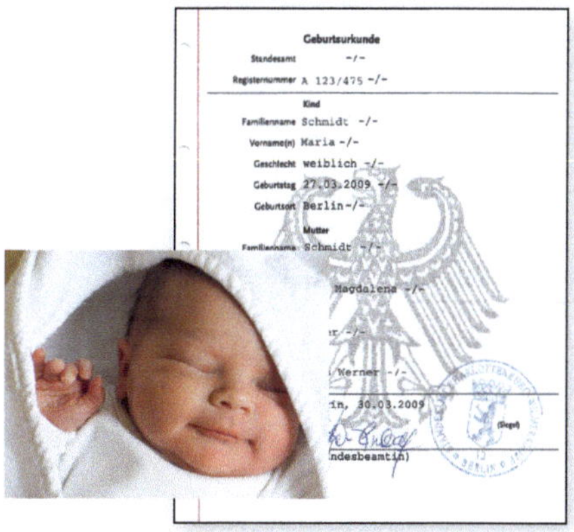

das Standesamt

Was kann man dort zum Beispiel machen?

Ausländerbehörde:

- eine Aufenthaltserlaubnis beantragen
- den Aufenthalt verlängern
- Informationen zum Asyl bekommen

Meldebehörde / Bürgerbüro:

- eine neue Wohnung anmelden

Standesamt:

- eine Geburtsurkunde bekommen
- heiraten

> **BAMF** (= Bundesamt für Migration und Flüchtlinge): bearbeitet Anträge auf Asyl
> Asylbewerber: stellen einen Antrag auf Asyl beim BAMF (Außenstelle, Ankunftszentrum)
> i

1.2. Im Wartebereich

1. der Wartemarkenautomat

eine Wartemarke ziehen

2. die Anzeigetafel

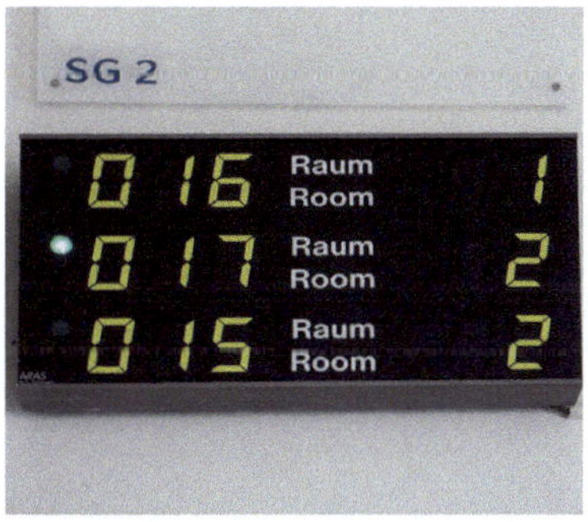

Die Nummer erscheint auf der Anzeigetafel.

3. das Büro

ins Büro gehen

Ü 1.1. Wie heißt das? Verbinden Sie die Wortteile.

Warte- | Sach- | Ausländer- | Pass- | Geburts- | Bürger- | Anzeige-

behörde | büro | urkunde | bereich | tafel | bearbeiter | foto

Ü 1.2. Wer muss wo hin? Verbinden Sie.

Ich brauche eine Steuernummer.

Ich möchte meinen Aufenthalt verlängern.

Ich möchte meinen Wohnsitz anmelden.

Meldebehörde
Standesamt
Finanzamt
BAMF, Ankunftszentrum
Polizei
Ausländerbehörde

Ich möchte einen Antrag auf Asyl stellen.

Ich brauche eine Geburtsurkunde für mein Baby.

Ü 1.3. Ein Formular ausfüllen. Was schreiben Sie?

☐ Herr ☐ Frau

Name	Ggf. Geburtsname	Vorname	Geburtsdatum

Straße/Hausnummer	Postleitzahl	Ort	Ggf. wohnhaft bei (c/o)

Ü 1.4. Welche Behörden gibt es in Ihrer Nähe (z.B. im Rathaus, im Landratsamt)? Suchen Sie die Adressen.

2. Soziale Angebote

die Familienberatung

die Trauerbegleitung

das Mutter-Kind-Café

der Chor

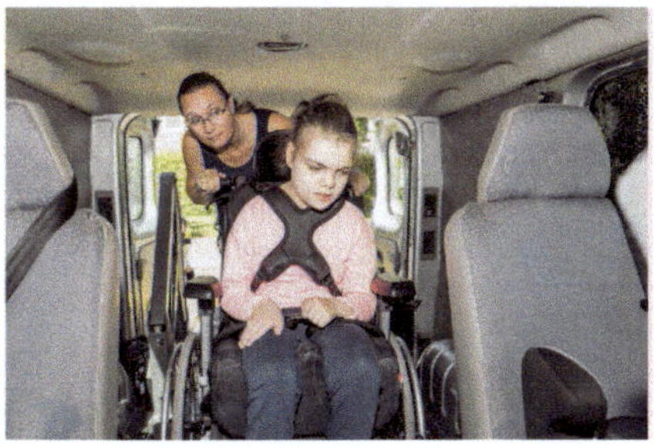
der Fahrdienst

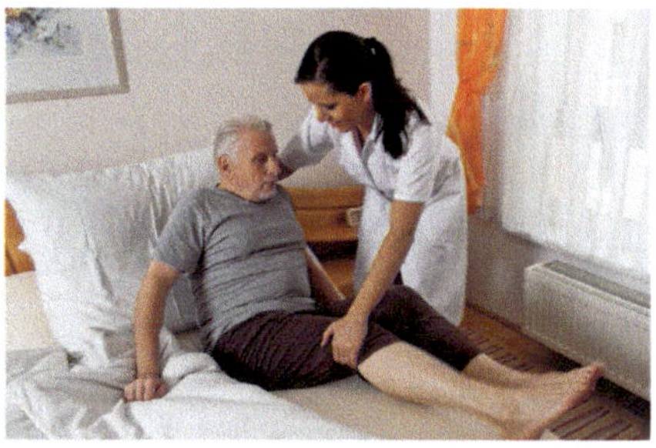
die Betreuung/die Pflege

die Tafel

die Migrationsberatung

der Sprachkurs

der Fußballverein

die Fahrradwerkstatt

die Rechtsberatung

die Schuldenberatung

der Jugendtreff

die psychologische Beratung

2.1. Hilfsorganisationen: Wer macht was?

Malteser …weil Nähe zählt. | Die Johanniter – Aus Liebe zum Leben | Deutsches Rotes Kreuz

Rettungsdienste mit sozialen Einrichtungen
- Beratung
- Pflege/Betreuung
- Fahrdienst
- Trauerbegleitung

caritas | Diakonie | AWO

Hilfe bei sozialen Problemen (auch online)
- Krankheiten
- Sucht
- Schwangerschaft
- Schulden
- Pflege/Betreuung/Beratung

DIE TAFELN – Essen, wo es hingehört

kostenloses Essen für Menschen in Not

pro familia

Beratung bei Problemen in der Familie
- Verhütung und Schwangerschaft
- Trennung
- Erziehung

2.2. Eine Beratungsstelle in der Nähe finden.

www.bamf.de

Migrationsberatung hilft bei Fragen zu:

- Deutschkursen
- Schule und Beruf
- Wohnen
- Gesundheit
- Familie, Ehe, Erziehung

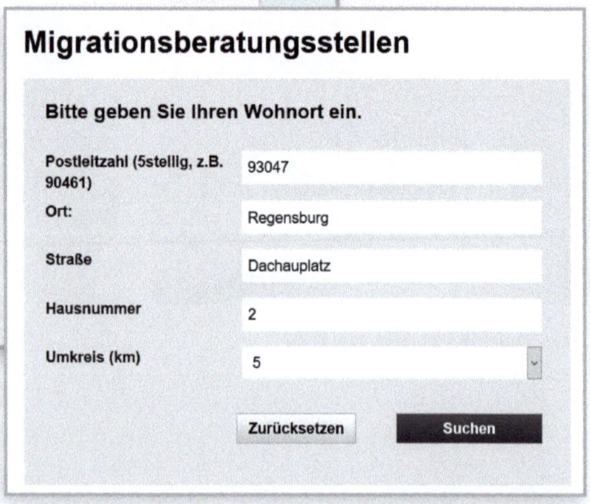

Ü 2.1. Was sagen die Personen? Verbinden Sie.

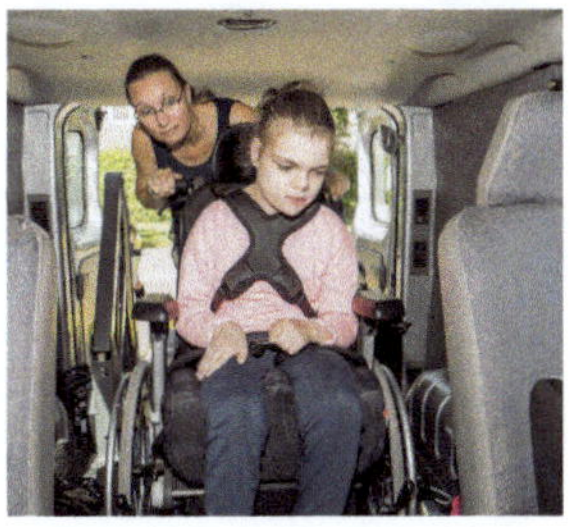

Ich muss	eine Frage.
Ich suche	Schulden.
Ich habe	Essen und habe kein Geld.
Ich bin	ins Krankenhaus fahren.
	einen Deutschkurs.
	schwanger.

Ü 2.2. Migrationsberatungsstellen in Regensburg. Was steht wo? Tragen Sie den richtigen Buchstaben in die Tabelle ein.

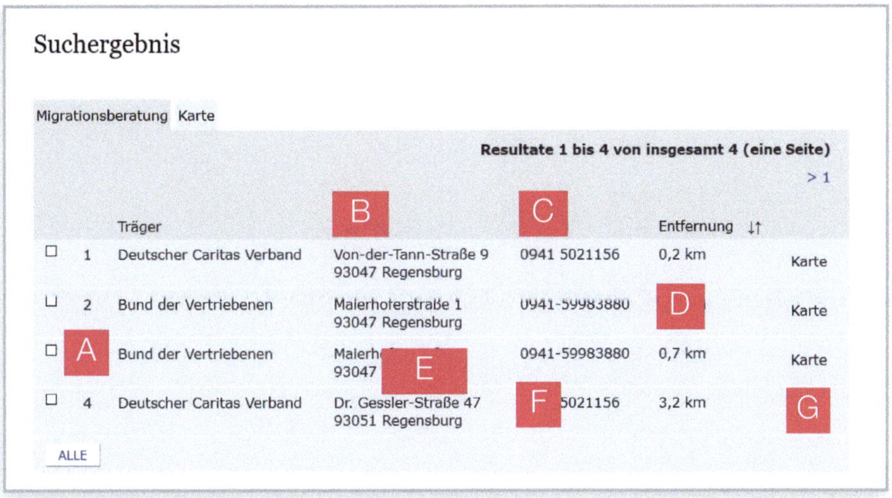
Suchergebnis

Migrationsberatung Karte

Resultate 1 bis 4 von insgesamt 4 (eine Seite)

> 1

		Träger	B	C	Entfernung ↓↑	
☐	1	Deutscher Caritas Verband	Von-der-Tann-Straße 9 93047 Regensburg	0941 5021156	0,2 km	Karte
☐	2	Bund der Vertriebenen	Maierhoferstraße 1 93047 Regensburg	0941-59983880	D	Karte
☐	A	Bund der Vertriebenen	Maierh... E 93047	0941-59983880	0,7 km	Karte
☐	4	Deutscher Caritas Verband	Dr. Gessler-Straße 47 93051 Regensburg	F 5021156	3,2 km	G

ALLE

0941	0,7 km	Adresse	3	Karte	Regensburg	Telefon
F						

Ü 2.3. Wo ist eine Beratungsstelle in Ihrer Nähe? Fragen Sie nach oder suchen Sie im Internet: www.bamf.de

3. Freizeit und Hobbys

1 der Park

2 der Spielplatz

3 das Klettergerüst

4 der Sandkasten

5 der Bach

6 der Kinderwagen

7 der Ball

8 der Baum

9 das Picknick

10 die Wiese

3.1. Was machen wir heute?

Fußball spielen

Badminton spielen

Basketball spielen

joggen

schwimmen

Gitarre spielen

nähen

kochen

stricken

fernsehen

3.2. Im Schwimmbad

Gehen Sie nur in das Wasser, wenn Sie schwimmen können! Ertrinkungsgefahr!

Manchmal gibt es…
… ein (muslimisches) Frauenschwimmen: Zu dieser Zeit sind nur Frauen im Schwimmbad.
… FKK-Zonen: Hier sind die Menschen nackt (= ohne Kleidung).

i

Ü 3.1. Was sagen die Personen? Verbinden Sie.

Ich spiele zweimal in der Woche Basketball.

Mittwochs gehe ich immer joggen.

Ich stricke gerne.

Abends koche ich für meine Familie.

Jeden Tag gehe ich mit meinem Hund im Park spazieren.

Ü 3.2. Erlaubt oder verboten? Kreisen Sie ein. ✓ ✗

Ich springe im Schwimmbad vom Beckenrand. ✓ ✗

Ich gehe mit Straßenkleidung ins Wasser. ✓ ✗

Ich dusche vor dem Schwimmen. ✓ ✗

Ich kann nicht schwimmen. Ich gehe ins tiefe Wasser. ✓ ✗

Ü 3.3. Im Schwimmbad. Ordnen Sie die Bilder zu.

Nicht schubsen!

Vor dem Baden duschen!

Nichtschwimmer aufpassen!

Ü 3.4. Wo können Sie einen Schwimmkurs machen? Suchen Sie Schwimmbäder in einem Stadtplan und fragen Sie nach.

4. Zusammenleben in Deutschland

Gesellschaft

Deutschland
♂ Deutscher
♀ Deutsche
Deutsch

Somalia
♂ Somalier
♀ Somalierin
Somali, Arabisch

die USA
♂ US-Amerikaner
♀ US-Amerikanerin
Englisch

China
♂ Chinese
♀ Chinesin
Chinesisch

Syrien
♂ Syrer
♀ Syrerin
Arabisch

der Iran
♂ Iraner
♀ Iranerin
Farsi

Afghanistan
♂ Afghane
♀ Afghanin
Paschtu, Dari

Frankreich
♂ Franzose
♀ Französin
Französisch

Pakistan
♂ Pakistaner
♀ Pakistanerin
Urdu

die Türkei
♂ Türke
♀ Türkin
Türkisch

Eritrea
♂ Eritreer
♀ Eritreerin
Tigrinya

Nigeria
♂ Nigerianer
♀ Nigerianerin
Englisch

4.1. „Sie“ und „du“

Sie:
- Fremde
  (= zum 1. Mal sehen)
- alte Menschen
- Chef, Chefin (Arbeit)

Du:
- Freunde
- Familie
- Kinder

i

4.2. Beim Kaffeetrinken

Ü 4.1. Welche Sprache spricht man in welchem Land? Verbinden Sie. Kennen Sie noch weitere Sprachen in diesen Ländern?

- Deutsch
- Arabisch
- Englisch
- Spanisch
- Paschtu

- Irak
- Afghanistan
- Schweiz
- Australien
- Österreich
- Iran
- Syrien
- Deutschland
- Spanien
- England
- Nigeria
- Pakistan
- USA
- Peru
- Mexiko

Ü 4.2. Du oder Sie? Kreuzen Sie an.

Du | Sie

Du | Sie

Du | Sie

Du | Sie

Du | Sie

Du | Sie

Ü 4.3. Was kann man in Deutschland zu einer Einladung mitbringen? Kreuzen Sie an.

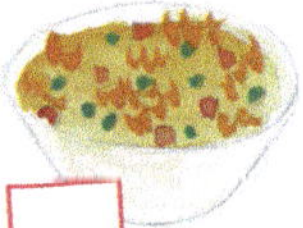

Ü 4.4. Welche Sprachen (Muttersprachen und Fremdsprachen) werden in Ihrem Kurs gesprochen? Machen Sie eine Umfrage.

Zum Kapitel

Thematische Schwerpunkte

Print- und audiovisuelle Medien, Kommunikation und Telefonieren, Computer und Internet(nutzung), Deutsch lernen online

Hintergrundinformationen

Der Umgang mit deutschsprachigen Medien fördert das Lernen der deutschen Sprache und die Integration, weshalb auf geeignete Programme hingewiesen werden sollte. In Bezug auf den Umgang mit Computer und Tools bringen die Geflüchteten unterschiedliche Vorkenntnisse mit, eine Basis-Medienkompetenz ist für schulischen und beruflichen Erfolg in Deutschland unabdingbar.

Grundsätzlich sind Asylbewerber vom Rundfunkbeitrag befreit. Trotzdem kommt es aber manchmal zu Zahlungsaufforderungen des „ARD ZDF Deutschlandradio Beitragsservice" (früher: GEZ), die sich an die Bewohner von Unterkünften richten. Um einen Handyvertrag abzuschließen, ist meist ein deutsches Bankkonto und ein fester Wohnsitz nötig. Vor unseriösen Vertragsanbietern und „Re-Sellern" (z.B. in den Unterkünften oder an Bahnhöfen) sollte gewarnt werden. Nicht alle Erstaufnahmeeinrichtungen und Gemeinschaftsunterkünfte sind mit WLAN ausgestattet. Einige Vereine und NROs wie Refugees Online oder Freifunk engagieren sich für die Installation von Internet für Geflüchtete. Hot Spots mit WLAN gibt es außerdem an unterschiedlichen öffentlichen Orten (z.B. Flughäfen, Bahnhöfen, Messen, Plätzen, Bibliotheken, Universitäten etc.) und privat-gewerblichen Einrichtungen (z.B. Hotels, Cafés, Restaurants...). Apps wie WifiFinder oder Free-Hotspot helfen, den nächsten Hotspot zu finden. Einige Geflüchtete sind in Schuldenfallen geraten, weil sie Download- und File-sharing-Programme auf illegale Weise genutzt haben. Auf das strenge deutsche Urheberrecht mit entsprechenden Konsequenzen sollten Ersthelfer hinweisen.

Online-Lernen ermöglicht individuelles Lernen, unabhängig von festen Kurszeiten und -gruppen. Vor allem als Ergänzung und Vertiefung zu bestehenden Präsenzkursen bieten sich verschiedene Lernprogramme und Apps an.

Zentrale Handlungen in diesem Themenbereich sind:

- Informations- und Unterhaltungsmedien nutzen
- telefonieren
- im Internet navigieren
- digitale Medien zum Deutschlernen nutzen

Vermittlungshinweise

Im Zusammenhang mit dem Wortschatz zu Medien und der Übung 1 bietet es sich für Lerner mit Vorbildung an, Komposita mit den verschiedenen Wortbildungsprinzipien einzuführen bzw. zu wiederholen. Z.B.: Steckdose: Verb + Nomen, Fernbedienung: Adjektiv + Nomen, Rundfunkgebühr: Nomen + Nomen. Beim Thema „Deutschlernen Online" können Sie einen Austausch zu den bekannten Apps anregen und gemeinsam einige ausprobieren.

Linktipps

- Informationen zum Rundfunkbeitrag und Antrag auf Beitragsbefreiung: www.rundfunkbeitrag.de
- Informationen von Stiftung Warentest zu „Günstige Handytarife für Geflüchtete", mit Merkblättern in Dt., Engl., Arab.: www.test.de/Handytarife-fuer-Fluechtlinge-So-telefonieren-Sie-guenstig-in-die-Heimat-4935914-0/
- Suchmaschine für kostenfreie Hotspots in deutschsprachigen Ländern: www.freie-hotspots.de/search.php
- Informationen der Verbraucherzentrale zu Smartphone, Apps, Internet und Datenschutz (Hinweise in Arabisch, Farsi, Englisch, Türkisch, Russisch und Polnisch): www.verbraucherzentrale.de/mehrsprachige-infos-fuer-fluechtlinge
- Deutsche Welle (Auslandsrundfunk der BRD): Nachrichten auf 30 Sprachen, Live TV auf Dt., Engl., Span., Arab., langsam gesprochene Nachrichten, Deutschlernprogramme etc.: www.dw.com
- Kindersendungen, auch auf Arab., Kurdisch, Dari u.a.: www.wdrmaus.de/extras/maus_international.php5

1. Fernsehen, Radio, Zeitung

1 der Fernseher

2 der Laptop (Computer)

3 das Radio

4 das Handy

5 die Zeitung

6 die Zeitschrift

7 die Fernbedienung

8 die Steckdose

9 der Stecker

10 das Kabel

11 das Aufladekabel

12 der Kopfhörer

1.1. Das Fernsehprogramm: Was kommt im Fernsehen?

1.2. Rundfunkgebühren

fernsehen

Radio hören

fernsehen und Radio hören im Internet

Rundfunkbeitrag: 18,36 Euro pro Monat
eine Wohnung → ein Rundfunkbeitrag
Asylbewerber, Empfänger von Sozialhilfe etc. → kein Rundfunkbeitrag

1.3. Am Zeitungskiosk

Manche Lokalzeitungen sind kostenlos. Hier gibt es Informationen zu Apotheken, Behörden, Flohmärkten und Notrufen.

i

Ü 1.1. Was passt zusammen?

1 Fern-	2 Zeit-	3 Steck-	4 Not-	5 Lokal-	6 Fern-	7 Rundfunk-
a) schrift	b) seher	c) zeitung	d) gebühr	e) dose	f) ruf	g) bedienung

1b)	2___	3___	4___	5___	6___	7___

Ü 1.2. Verbinden Sie. Was braucht man für …

… den Fernseher?

… den Laptop?

… das Handy?

die Fernbedienung • das Kabel • das Aufladekabel • die Steckdose • der Stecker • der Kopfhörer

Ü 1.3. Was kommt heute im Fernsehen? Lesen Sie das Fernsehprogramm auf S. 93 und kreisen Sie die richtige Antwort ein.

Wann kommt eine Kochsendung? 13:10 15:30 19:05

Was kommt um 19:55 auf SAT.1? • Spielfilm • Nachrichten • Sportsendung

Wann kommt Sport? • 12:50 Uhr • 16:50 Uhr • 20:15 Uhr

Auf welchem Sender kommt ein Drama? • Das Erste • ZDF • RTL • SAT.1 • PRO 7

Was sehen Sie gerne? ____________________

Ü 1.4. Wo gibt es in Ihrer Nähe internationale Zeitungen? In welchen Sprachen? Welche kostenlose Lokalzeitung gibt es?

2. Kommunikation

2.1. Handy: Vertrag oder Prepaid?

Prepaid
z.B. 10 € Guthaben

→ aufladen, z.B.:
im Drogeriemarkt
im Geschäft
an der Tankstelle
am Kiosk

UNSERE TARIFE

100	Frei-SMS	50
50 min.	Freiminuten	100 min.
3GB	Internet	1GB
300MB		500MB

Vertrag
z.B. 19,99 € im Monat
mindestens für 18 Monate

→ Konto bei deutscher Bank nötig

2.2. Falsch gewählt

Hallo?

Wer ist da, bitte?

Spreche ich mit der Ausländerbehörde?

Nein, hier ist Schmidt.

Wie bitte? Ich verstehe Sie nicht. Sprechen Sie bitte langsam.

Hier ist nicht die Ausländerbehörde.

Entschuldigung.

Kein Problem. Tschüss.

Ü 2.1. Handy nutzen. Wo ist was? Kreisen Sie ein.

die Uhrzeit
das Datum
der Akkustand
telefonieren
E-Mails lesen und schreiben
SMS senden und empfangen
ein Foto machen

das Wetter
den Weg suchen
online gehen
ein Wort googeln
den Wecker stellen
die Suchmaschine
ein Video filmen

Ü 2.3. Kommunikation. Was sagen Sie? Setzen Sie ein.

bitte • wiederholen • langsam • buchstabieren • heißt

________________ Sie, bitte. Bitte ________________ Sie das.

Wie ________________ ? Wie ________________ das?

Bitte sprechen Sie ________________ .

Ü 2.4. Fragen Sie im Kurs: Welche Apps benutzen Sie?
Welche sind die drei beliebtesten Apps?

3. Computer und Internet

1 der Computer

2 der Bildschirm

3 die Maus

4 die Tastatur

5 die Taste

6 das Headset

7 das Mikrofon

8 der Lautsprecher

9 die Webseite

10 der Browser

11 das Kabel

3.1. Hotspots und WLAN

WLAN gibt es an vielen öffentlichen Plätzen, zum Beispiel:

am Flughafen

am Bahnhof

im Café

in der Bibliothek

3.2. Nach WLAN fragen

Inge Meier, Stadtbibliothek Bogenhausen.

Hallo. Ich habe eine Frage.

Ja, bitte. Was kann ich für Sie tun?

Gibt es in Ihrer Bibliothek WLAN?

Ja. Sie können hier auch Computer benutzen.

Sehr gut. Ich komme morgen. Vielen Dank.

3.3. Internet legal und illegal nutzen

Das Urheberrecht schützt Künstler, Sänger, Autoren. In Deutschland ist es sehr streng.

- Streaming (über Youtube, Vimeo, Dailymotion, Myvideo, Netflix oder Spotify)
- bezahlter Download

→ **erlaubt**

- Filesharing
- Download von Filmen
- Download von Büchern
- Download von Musik

→ **verboten**

- Nur sichere Webseiten (https://) besuchen!
- Keine privaten Daten über WLAN senden!
- Keine Filesharing-Programme (z.B. Bit Torrent) nutzen!
- Das eigene Social-Media-Profil (Facebook etc.) nicht öffentlich machen!

i

Ü 3.1. Was ist das? Ordnen Sie zu.

das Headset	der Bildschirm	das WLAN	die Bibliothek	die Webseite
die Tastatur	die Maus	das Kabel	der Laptop	der Flughafen

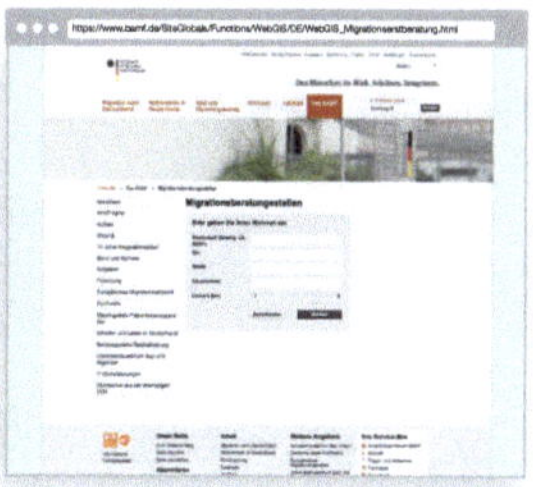

Ü 3.2. Erlaubt ✓ oder verboten ✗?

Ich will einen Film auf www.zdf.de ansehen.	
Im Kino kommt der neue Film von Stephen King. Du kannst ihn im Internet herunterladen.	
Du kannst auf www.dw.de langsam gesprochene Nachrichten hören.	
Kannst du die neue CD von Shakira hochladen, bitte?	
Ich sehe mir immer Filme auf YouTube an.	

Ü 3.4. Wo in Ihrer Nähe gibt es WLAN oder Hot Spots? Sammeln Sie Adressen.

4. Deutsch lernen online

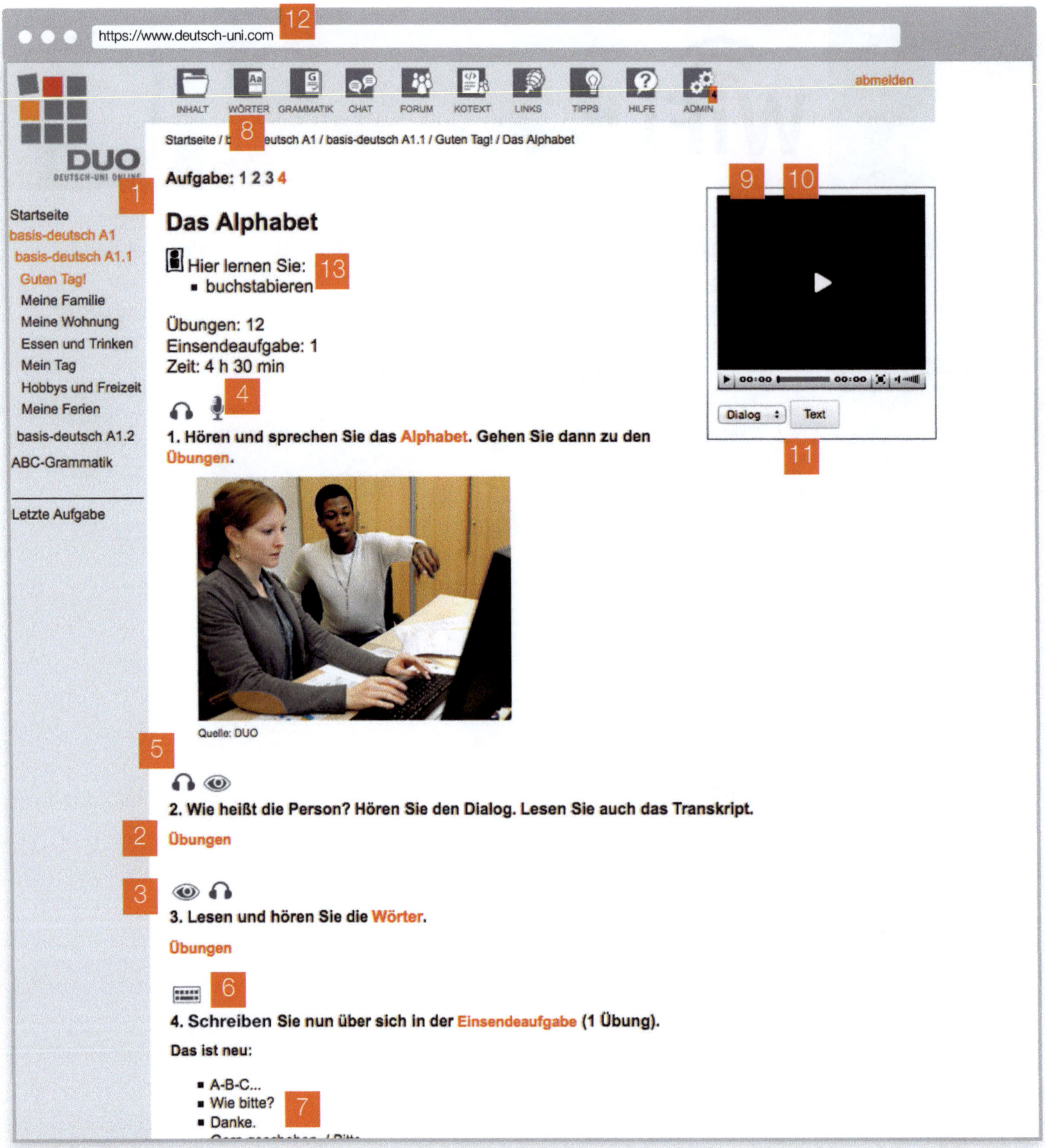

1 die Aufgabe	6 schreiben	10 die Videodatei
2 die Übung	7 der Wortschatz die Vokabeln	11 das Transkript der Text
3 lesen	8 das Wörterbuch	12 der Link
4 sprechen	9 die Audiodatei	13 das Lernziel
5 hören		

4.1. Wie kann ich im Internet lernen?

Lernziel	**Was hilft?**
Wortschatz erweitern	viel lesen, Vokabel-Apps, Online-Wörterbuch nutzen
bessere Aussprache (Phonetik)	Radio/Musik hören, Videos sehen, Phonetik-Übungen, nachsprechen, mitsingen, sich aufnehmen
Texte besser verstehen	Webseiten/Nachrichten lesen, in Muttersprache zusammenfassen
Sätze korrekt bilden	viel lesen, Grammatik-Apps, Lückentext, schreiben (z.B. Wörter, E-Mails)
andere besser verstehen	Nachrichten hören, Filme sehen, Untertitel/Transkripte lesen

4.2. Texte lesen

Ü 4.1. Welches Symbol passt? Verbinden Sie.

Suchen Sie im Wörterbuch.
Hören Sie den Dialog.
Schreiben Sie.
Kreuzen Sie an.
Ordnen Sie zu.
Sprechen Sie.
Suchen Sie im Internet.
Lesen Sie den Text.
Klicken Sie.
Speichern Sie.

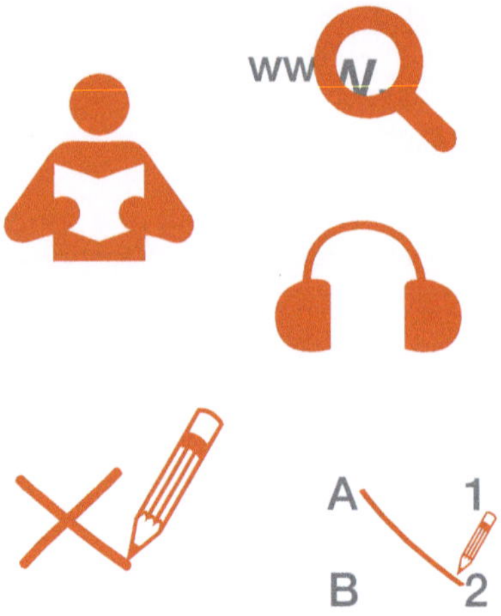

Ü 4.2. Online-Wörterbücher nutzen. Suchen und hören Sie die Wörter. Wie heißt das Wort in Ihrer Sprache? (z.B. auf www.pons.de, www.leo.org oder translate.google.de/).

Beispiel: das Wörterbuch → dictionary → قاموس

a. die Bibliothek → ______________________

b. die Lehrerin → ______________________

c. die Übersetzung → ______________________

d. ______________________

Ü 4.3. Was finden Sie leicht/nicht so leicht beim Deutschlernen? Markieren Sie.

Wortschatz	**1-5 (1= sehr leicht, 5 = sehr schwer).**				
Grammatik	1	2	3	4	5
Aussprache	1	2	3	4	5
Sprechen	1	2	3	4	5
Hören	1	2	3	4	5
Lesen	1	2	3	4	5
Schreiben	1	2	3	4	5
Wörterbuch benutzen	1	2	3	4	5

Ü 4.4. Welche Lernprogramme nutzen Sie? Fragen Sie auch andere Deutschlerner.

Für Ihre Notizen

Zum Kapitel

Thematische Schwerpunkte

Kindergarten, Schule, das deutsche Bildungssystem, duale Ausbildung, Studium

Hintergrundinformationen

Junge Geflüchtete und auch Eltern kommen i.d.R. rasch mit dem regionalen Bildungssystem in Berührung. Das Kapitel soll eine erste Orientierung in Bezug auf die unterschiedlichen Möglichkeiten der Kinder- und Erwachsenenbildung bieten und über Rechte und Pflichten informieren. Generell gilt, dass staatliche Schulen kostenfreie Bildung ermöglichen und auch ein Anspruch darauf besteht. Dazu gehört aber auch das Recht der Eltern, Angebote wie individuelle Sprechstunden oder Beratung durch einen Schulsozialpädagogen in Anspruch zu nehmen. Pflichten wie Pünktlichkeit, Anwesenheitspflicht und die Notwendigkeit einer schriftlichen Entschuldigung bei Abwesenheit (bei Minderjährigen von den Eltern zu unterschreiben) müssen bekannt sein. Eltern müssen außerdem dafür sorgen, dass Hausaufgaben gemacht werden. Sie sollten (ggf. mit Dolmetscher) an den Elternabenden und Sprechtagen teilnehmen.

Da Bildung in Deutschland Ländersache ist, müssen Informationen je nach Bundesland angepasst werden. Die Webseiten der zuständigen Behörden (z.B. Kultusministerium, Senatsverwaltung) helfen dabei. Anlaufstellen für sog. Schullaufbahnberatung und die Anerkennung von ausländischen Abschlüssen sind auch im Internet zu finden (s. Links unten).

Zentrale Handlungen in diesem Bereich:

- Bildungseinrichtungen Deutschlands kennen
- einen Stundenplan lesen
- das deutsche Notensystem verstehen
- Abschlüsse anerkennen und sich beraten lassen

Vermittlungshinweise

Die Einstiegsbilder stellen Handlungssituationen in den wichtigsten Bildungseinrichtungen dar und führen in das deutsche Bildungssystem ein. Der (oft beobachtbaren) Skepsis gegenüber dem Konzept Kindergarten soll Aufgabe 3 im ersten Unterkapitel entgegenwirken, in der Vorteile des Kindergartens gesammelt werden (wenn möglich als Postergestaltung an der Flipchart). Informationen zu Eintrittsalter und Öffnungszeiten von Kinderkrippen und -gärten sind länder- bzw. einrichtungsspezifisch geregelt und sollten bei Interesse der Lerner erläutert werden. Ferner ist darauf hinzuweisen, dass die Kindergartengebühren im Allgemeinen gering sind, je nach Kommune und (öffentlicher oder privater) Einrichtung aber stark variieren können. Beim Thema Schule ist der Fokus auf den Stundenplan sowie die Erläuterung der Fächer zu legen, die sich je nach Schulart und Bundesland leicht unterscheiden. Die in Deutschland streng geregelte Schulpflicht sollte auf jeden Fall thematisiert werden. In Bezug auf Schulabschlüsse und Schulformen sollte den Lernern unter Berücksichtigung ihrer Berufswünsche eine kurze Anleitung gegeben werden, welchen Abschluss sie für eine weiterführende Bildung benötigen.

Das Unterkapitel „Nach der Schule" gibt einen groben Überblick über die vielfältigen Wege zum Beruf, wobei ein spezielles Augenmerk auf die duale Ausbildung zu legen ist. In der Regel ist in Deutschland ohne Schulabschluss weder eine Ausbildung noch ein Studium und somit auch keine zukunftssichere Anstellung möglich. Lerner, die eine abgeschlossene Berufsausbildung mitbringen, können anhand des Anerkennungsfinders herausfinden, ob ihr Abschluss (ganz oder teilweise) anerkannt werden könnte.

Linktipps

- Das BAMF informiert über die Institution Kindergarten:
  www.bamf.de/DE/Willkommen/Bildung/FruehkindBildung/KiGaKiTa/kigakita-node.html
- Informationen und Linktipps rund um das Schulwesen in Deutschland, sortiert nach Bundesländern:
  www.bildungsserver.de/Schulwesen-552.html
- Broschüre zu Schule in Deutschland mit Schlüsselbegriffen in Englisch, Arabisch, Farsi/Dari, Paschtu (gratis bestellbar):
  www.bpb.de/shop/lernen/hanisauland/222231/schule-in-deutschland-jetzt-versteh-ich-das

1. Im Kindergarten

1	das Kind	6	das Spielzeugauto
2	die Erzieherin	7	das Buch
3	das Bild	8	der Rucksack
4	das Spielzeug	9	die Rutsche
5	die Puppe	10	das Kuscheltier

1.1. Möglichkeiten der Kinderbetreuung

In den Kindergarten mitbringen:
- Hausschuhe
- wetterfeste Kleidung
- manchmal: Brotzeit

Es gibt feste Bring- und Abholzeiten.
Es gibt Elternabende.

Wo ist deine Tochter?

Sie ist im Kindergarten.

Wie lange?

Von 8 Uhr bis 17 Uhr. Dann hole ich sie ab.

der Säugling (0 - 1 Jahre)

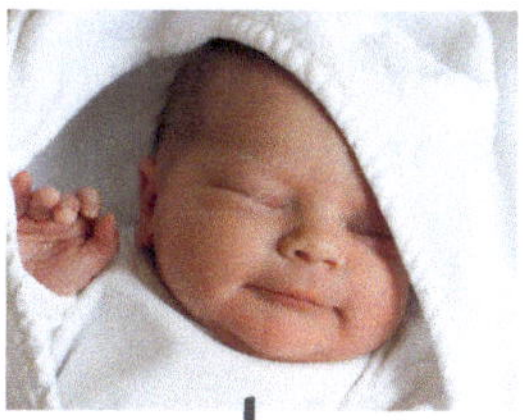

das Kleinkind (1 - 3 Jahre)

das Kind (3 - 6 Jahre)

bei den Eltern/zu Hause

in der Krippe

im Kindergarten

1.2. Tätigkeiten im Kindergarten

Lieder singen

Mittagsschlaf machen

Geschenke basteln

Bilder malen

Ball spielen

zusammen essen

Ü 1.1. Was machen die Kinder wo? Verbinden Sie.

Die Kinder singen Lieder.

Die Erzieherin liest Bücher vor.

Die Kinder turnen.

Die Kinder basteln mit Papier und Schere.

Die Kinder spielen Ball.

Die kleinen Kinder machen Mittagsschlaf.

Die Köchin kocht das Mittagessen.

Die großen Kinder üben für die Schule.

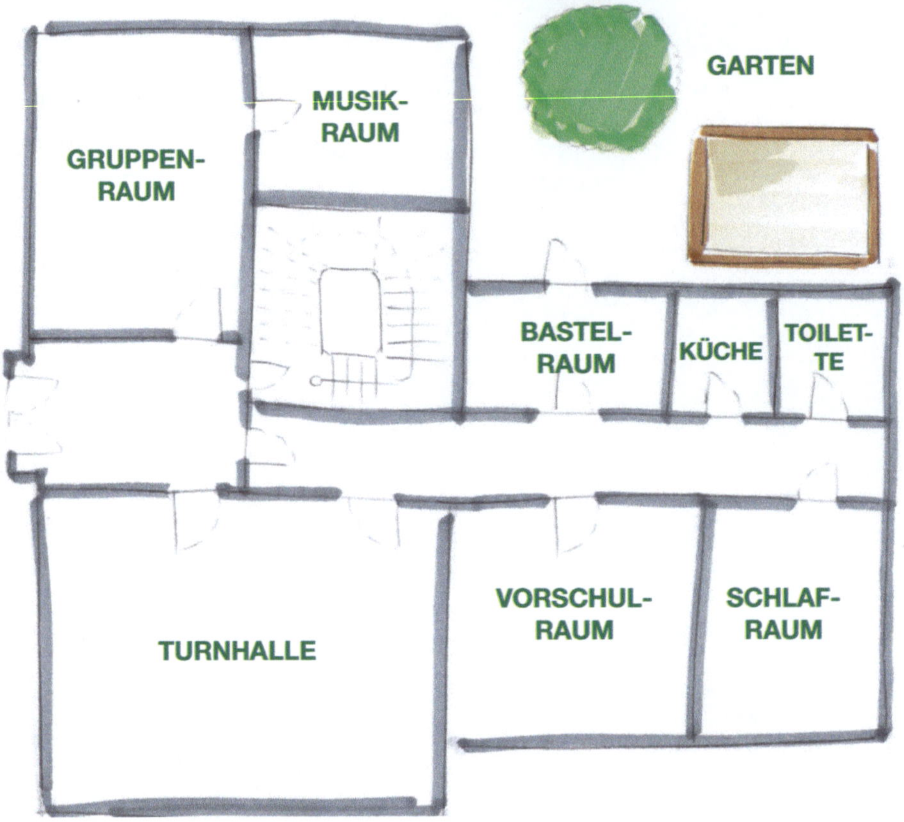

Ü 1.2. Wie ist der Tagesablauf im Kindergarten? Nummerieren Sie.

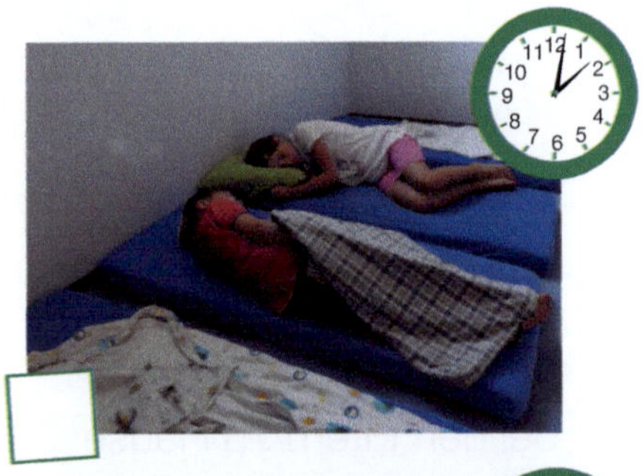

Ü 1.3. Kindergarten ist gut, aber warum? Machen Sie ein Plakat für Ihre Unterkunft.

Beispiele: Mit Büchern/Liedern/Spielen lernen die Kinder gut Deutsch. • Turnen ist gut für den Körper. • In der Gruppe finden die Kinder Freunde. …

2. In der Schule

1 der Schüler

2 die Schülerin

3 die Lehrerin

4 die Tafel

5 die Schultasche/ der Schulranzen

6 das Schulbuch

7 das Pausenbrot

8 das Mäppchen

9 der Stuhl

10 der Tisch

11 die Flasche

12 das Fenster

2.1. Auf dem Schulgelände

der Pausenhof

die Aula

die Turnhalle

die Schulküche

der Sportplatz

2.2. Stundenplan einer 5. Klasse (Übergangsklasse Mittelschule)

Zeit	Montag	Dienstag	Mittwoch	Donnerstag	Freitag
8:00-8:45	Deutsch	Religion/Ethik	Deutsch	Sport	Deutsch
8:45-9:30	Deutsch	Religion/Ethik	Deutsch	Sport	Deutsch
9:30-9:45			Pause		
9:45-10:30	Mathe	Deutsch	Mathe	GSE	Mathe
10:30-11:15	PCB	Deutsch	PCB	Mathe	GSE
11:15-11:35			Pause		
11:35-12:10	Kunst	Mathe	Werken	Deutsch	Schwimmen
12:10-12:55	Kunst	GSE	Werken	Deutsch	Schwimmen

PCB = Physik, Chemie, Biologie

GSE = Geschichte, Sozialkunde, Erdkunde

2.3. Wichtige Personen in der Schule

der Lehrer

die Mutter

die Schulsekretärin

der Vater

die Lehrerin

die Schulsozialpädagogin

In Deutschland gibt es die Schulpflicht: Alle Kinder müssen in die Schule gehen. Schüler müssen Hausaufgaben machen. Eltern müssen das kontrollieren.

Ü 2.1. Was passiert wo in der Schule? Verbinden Sie.

Die Schüler malen mit dem Pinsel.

Die Schüler und die Lehrer machen ein Konzert.

Die Schüler spielen Volleyball.

Der Rektor spricht mit der Sekretärin.

Fatima kauft eine Limonade.

Die Mädchen lernen schwimmen.

Die Lehrer korrigieren Tests.

Ü 2.2. Was brauchen die Schüler? Verbinden Sie.

Deutsch   Mathe   Sport   Kunst

Ü 2.3. Was steht im Stundenplan auf Seite 110? Kreisen Sie die korrekten Informationen ein.

8 Stunden Deutsch pro Woche	10 Stunden Deutsch pro Woche
1. Pause von 9:30 bis 9:45 Uhr	Pause von 20 Minuten
Kunst am Montag	6 Tage Schule pro Woche
Freitag 4 Stunden Sport	2 Stunden Werken pro Woche

Ü 2.4. Packen Sie die Schultasche (z.B. für Sie, Ihr Kind) für einen Schultag. Welche Dinge brauchen Sie? Machen Sie eine Liste.
(Das Wörterbuch hilft Ihnen.)

3. Das Bildungssystem

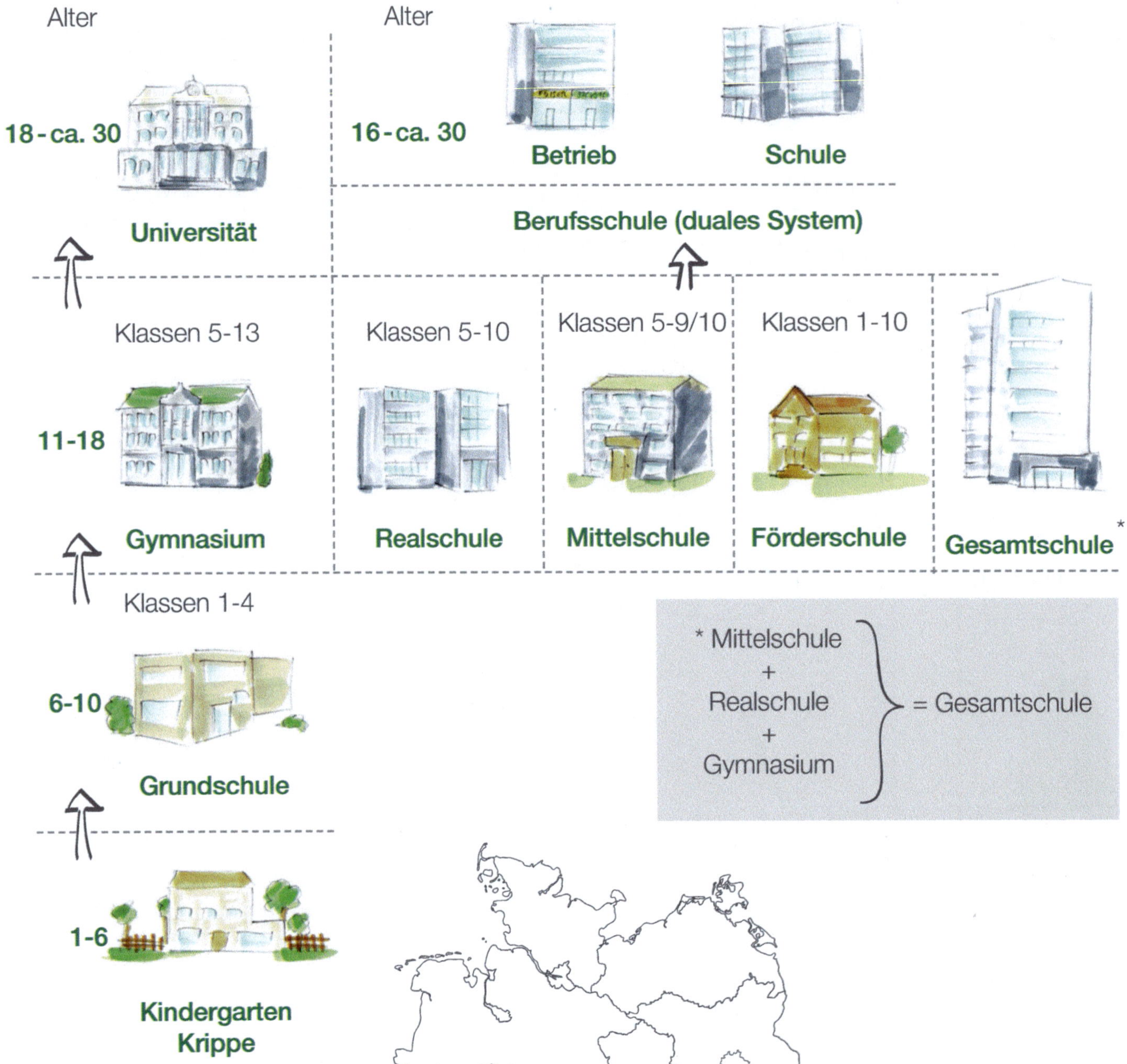

Das Schulsystem ist nicht in ganz Deutschland gleich. Das organisieren die Bundesländer.

3.1. Schulabschlüsse in Deutschland

Schulabschlüsse:
- Hauptschule/ Mittelschule: (Qualifizierender) Hauptschulabschluss
- Realschule: Mittlere Reife
- Gymnasium: Abitur

i

3.2. Schulzeugnis

das Notensystem

1	2	3	4	5	6
sehr gut	gut	befriedigend	ausreichend	mangelhaft	ungenügend

→ Zwischenzeugnis: im Februar
→ Jahreszeugnis: im Juli
Im Jahreszeugnis darf ein Schüler nur einmal die Note 5 haben. Sonst muss er das Jahr noch einmal machen.

i

Mittelschule

(Amtliche Bezeichnung der Schule)

Schuljahr 2015/16 Jahrgangsstufe 5

JAHRESZEUGNIS

für

Marlene Müller

geboren am 22. Oktober 2005

Marlene war eine sehr freundliche Schülerin. Sie arbeitete stets fleißig, sehr selbstständig und konzentriert im Unterricht mit. Ihre Hefteinträge gestaltete sie äußerst ordentlich. Sie hielt sich vorbildlich an die Gesprächs- und Verhaltensregeln. -/-

Pflichtfächer

Ethik *	gut	Arbeit-Wirtschaft-Technik	gut
Deutsch	gut	Werken/Textiles Gestalten	gut
Mathematik	gut	Sport	befriedigend
Englisch	sehr gut	Musik	gut
Physik/Chemie/Biologie	befriedigend	Kunst	gut
Geschichte/Sozialk./Erdk.	gut		

Das Zeugnis

Die Schülerin rückt ----- in die nächste Jahrgangsstufe vor.

München, 29. Juli 2016

Schulleiter Klassenleiterin

Ü 3.1. Welche Begriffe passen zu welchem Alter? Ordnen Sie zu. Manche Begriffe können Sie mehrmals verwenden.

das Studium | die Realschule | der Kindergarten | die Universität

das Gymnasium | die Schulpflicht | die Grundschule | die Mittelschule

Ü 3.2. Bei der Schulberatung. Welche Antworten passen? Verbinden Sie.

Ich möchte gerne studieren.

Ich will im Restaurant arbeiten.

Ich will Arzt werden.

Ich will Autos reparieren.

Ich will im Büro arbeiten.

Sie müssen das Gymnasium besuchen und Abitur machen.

Sie können eine Ausbildung zum Koch machen. Sie brauchen einen Hauptschulabschluss.

Sie müssen das Abitur mit sehr guten Noten machen.

Sie müssen auf eine technische Berufsschule gehen.

Als Bürokauffrau? Sie brauchen einen Realschulabschluss.

Ü 3.3. Machen Sie eine Umfrage zum Thema Schule. Wie lange dauert in Ihren Heimatländern die Schulpflicht? Welches Notensystem gibt es?

4. Nach der Schule

der Verkäufer

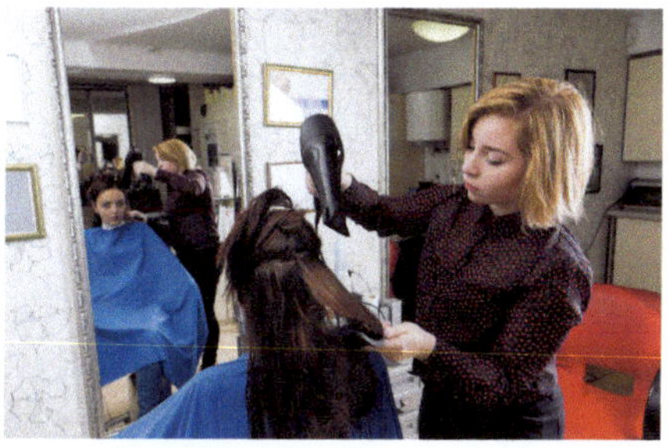
die Friseurin

der Maurer

die Hotelfachfrau

der Kellner

der Ingenieur

der Logistiker

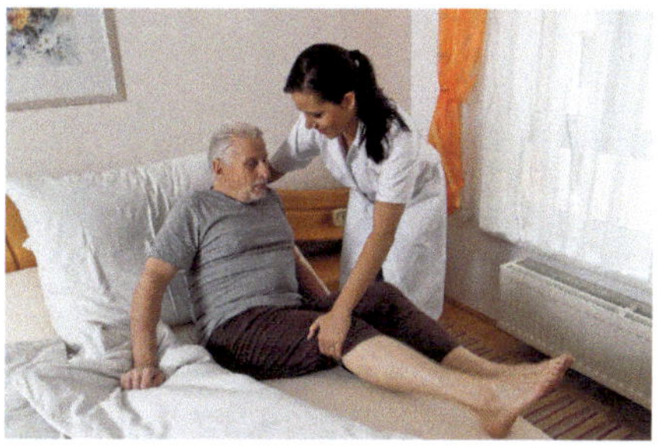
die Pflegerin

die Köchin

die Lehrerin

der Kfz-Mechatroniker

der Maler

der Elektriker

die Bürokauffrau

der Bäcker

4.1. Studium oder Ausbildung?

Für diese Berufe (und andere) braucht man ein Studium.

der Student
die Studentin

die Universität

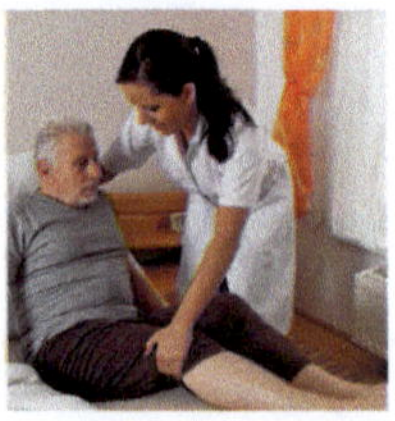

Für diese Berufe (und andere) braucht man eine Ausbildung.

der/die Auszubildende (= Azubi)

die Berufsschule & der Betrieb

4.2. Anerkennung von Abschlüssen

1. zuständige Stelle finden.
2. Antrag stellen auf Anerkennung mit Dokumenten (z.B. Zeugnis, Lebenslauf …)
3. auf Bescheid warten (max. 3 Monate)

www.anerkennung-in-deutschland.de

**Ü 4.1. Welche Begriffe gehören zusammen?
Legen Sie sie in den richtigen Korb.**

der Ingenieur · die Bibliothek · der Krankenpfleger · die Universität · studieren · der Elektriker · der Architekt · der Professor · der Azubi · die Studentin · im Betrieb arbeiten · die Schülerin · die Berufsschule · Schulferien · das Werkzeug · das Semester

Ü 4.2. Welche Tätigkeiten passen zu welchem Beruf? Ordnen Sie zu.

Gemüse schneiden · Kunden beraten · Haare schneiden · ein Haus bauen

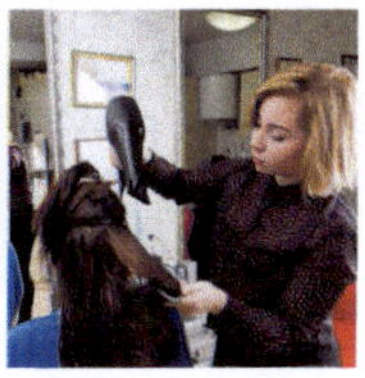

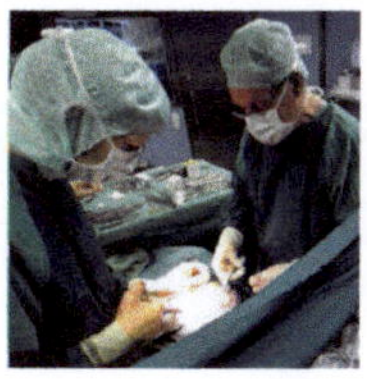

unter-richten · verkaufen · programmieren · korrigieren · operieren

Ü 4.3. In welcher Reihenfolge können Sie Ihren Beruf anerkennen lassen? Nummerieren Sie.

☐ Arbeit suchen

☐ auf Bescheid warten

☐ Antrag stellen

☐ Bescheid bekommen

☐ zuständige Stelle finden

Ü 4.4. Benutzen Sie den Anerkennungs-Finder. Notieren Sie sich die zuständige Anlaufstelle für Ihren Beruf (oder den eines Freundes/einer Freundin).

Zum Kapitel

Thematische Schwerpunkte

Arbeitsorte und Berufe, Arbeitsformen, Sozialversicherung, Rechte und Pflichten, Bewerbung

Hintergrundinformationen

Für Asylbewerber ist das Angebot auf dem deutschen Arbeitsmarkt meist unzugänglich. Sie benötigen eine Arbeitserlaubnis, die nur in bestimmten Fällen erteilt wird. Somit sind Hinweise auf die unterschiedlichen Arbeitsberechtigungen sehr wichtig. Anerkannte Geflüchtete, die vom Bundesamt für Migration und Flüchtlinge (BAMF) eine Aufenthaltserlaubnis erhalten haben, dürfen grundsätzlich uneingeschränkt als Beschäftigte tätig werden und auch einer selbstständigen Tätigkeit nachgehen. Im Falle eines Abschiebungsverbots sowie für Personen mit einer Aufenthaltsgestattung oder Duldung gelten besondere Regeln für den Zugang zum Arbeitsmarkt. Zuständig für die Erteilung von Arbeitsgenehmigungen ist die Ausländerbehörde und die jeweilige Arbeitsagentur. Der sogenannte „Antrag auf Genehmigung zur Ausübung einer Beschäftigung“ muss bei der Ausländerbehörde gestellt werden. In den ersten drei Monaten ab Asylantragstellung ist es den Geflüchteten nicht gestattet, einen Beruf auszuüben. Ausnahmen bilden karitative Arbeiten und gemeinnützige Tätigkeiten (1-Euro-Jobs, die allerdings auf max. 6 Monate beschränkt sind). Eine Anfrage muss beim jeweiligen Landratsamt bzw. bei der Stadtverwaltung gestellt werden. Vor Beginn einer Berufsausbildung bieten sich berufsvorbereitende Integrations- und Deutschkurse an. Die Bundesagentur für Arbeit hat neben vielen weiteren Anbietern eine Jobbörsen-App veröffentlicht, die die Suche nach Arbeit erleichtert.

Zentrale Handlungen in diesem Bereich sind:

- über Berufe und Arbeitsorte sprechen
- Arbeitsformen, -zeiten und -bedingungen kennen
- Arbeitserlaubnis beantragen
- Arbeit suchen

Vermittlungshinweise

Der Einstieg ins Thema „Arbeit“ erfolgt über übliche Arbeitsorte und die entsprechenden Berufe, die teilweise bereits im Kapitel „Bildung” eingeführt wurden. Hier bietet es sich an, über die Interessen und Berufserfahrungen der Lerner zu sprechen.

Die Rahmenbedingungen in der deutschen Arbeitswelt (vertragliche Bestandteile, Sozialversicherung, Steuern, Arbeitsformen etc.) sind sehr komplex und werden hier nur ansatzweise und in Auswahl vorgestellt. Auf den Unterschied zwischen Brutto- und Nettolohn sowie auf den gesetzlichen Mindestlohn sollte hingewiesen werden. Auch sollte betont werden, dass eine abgeschlossene Ausbildung den Zugang zum Arbeitsmarkt erleichtert und den Lohn erhöht.

Hinweis: Das deutsche duale Ausbildungssystem, die Kombination aus Berufsschule und Lehre, wird im Kapitel „Bildung” ausführlicher thematisiert.

Im Unterkapitel „Rechte und Pflichten” geht es um die Frage, unter welchen Umständen Asylbewerber arbeiten dürfen. Das Schema veranschaulicht die aktuelle Gesetzeslage in groben Zügen (Stand: Februar 2017). Da hier Gesetzesänderungen zu erwarten sind, prüfen Sie bitte die gesetzlichen Angaben auf ihre Aktualität hin (s. Link unten).

Zum Thema „Bewerbung” können die Lerner einen eigenen (tabellarischen) Lebenslauf verfassen. Verteilen Sie dazu ggf. ein Formular, das die Lerner mit ihren Angaben ausfüllen. Fortgeschrittene Lerner können sich am Schreiben einer Bewerbung ausprobieren sowie ein Bewerbungsgespräch als Rollenspiel einüben.

Generell sollte wiederholt betont werden, dass Deutschkenntnisse zentral für die Integration in den Arbeitsmarkt sind.

Linktipps

- Informationen zu Berufsfeldern, mit Videos (auch auf Englisch): www.planet-beruf.de/schuelerinnen/mein-beruf/berufsfelder/
- Jobbörsen der Bundesagentur für Arbeit: www.jobboerse.arbeitsagentur.de
- Vorlagen für Lebensläufe zum Ausfüllen: www.bewerbung.co/lebenslauf

1. Arbeitsort und Arbeitszeit

die Schule
Lehrer, Lehrerin

das Krankenhaus
Krankenschwester, -pfleger

das Pflegeheim
Altenpfleger, Altenpflegerin

der Kindergarten
Erzieher, Erzieherin

das Gericht
Richterin, Richter

das Restaurant
Kellnerin, Kellner

das Geschäft
Verkäuferin, Verkäufer

das Büro
Sachbearbeiter, Sachbearbeiterin

das Wohnhaus
Hausmeister, Hausmeisterin

in der Stadt
Postbote, Postbotin

die Werkstatt
Mechatroniker, Mechatronikerin

die Fabrik
Arbeiterin, Arbeiter

1.1. Arbeitszeiten (Beispiele)

	Anfang	Ende	Schichtarbeit
	6 Uhr 14 Uhr 22 Uhr	14 Uhr 22 Uhr 6 Uhr	Frühschicht Spätschicht Nachtschicht
	7 Uhr 15 Uhr 23 Uhr	15 Uhr 23 Uhr 7 Uhr	Frühschicht Spätschicht Nachtschicht
	8 Uhr	17 Uhr	
	11 Uhr 18 Uhr	15 Uhr 22 Uhr	Frühschicht Spätschicht

1.2. Wer arbeitet wo und wann?

Ich arbeite von Montag bis Freitag. Von 8 Uhr bis 17 Uhr. Freitags nur bis 13 Uhr.

Ich mache Schichtarbeit: Frühschicht oder Spätschicht.

Ich muss manchmal auch am Wochenende arbeiten.

Ich arbeite oft abends.

Schichtarbeit gibt es z.B.:
- im Restaurant
- in der Fabrik
- im Krankenhaus

i

**Ü 1.1. Welche Berufe gibt es an diesen Orten?
Verbinden Sie.**

die Baustelle | das Hotel | die Bäckerei | das Labor

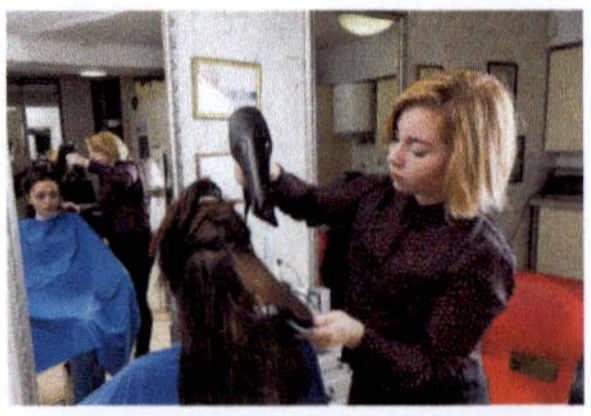
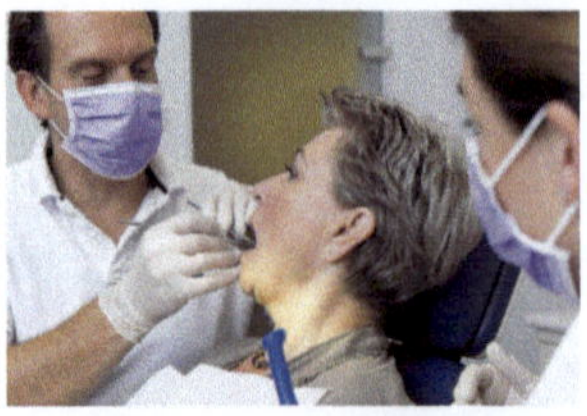

die Autofabrik | die Zahnarztpraxis | das Café | der Friseursalon

**Ü 1.2. Einsatzplan im Krankenhaus. Wann arbeiten Ahmed, Nadia und Sebastian?
Wie viele Stunden arbeiten sie in dieser Woche?**

	Montag	Dienstag	Mittwoch	Donnerstag	Freitag	Samstag	Sonntag
6-14 Uhr	Ahmed	Nadia	Nadia	Ahmed	Ahmed	Ahmed	Mehmet
14-22 Uhr	Mehmet	Mehmet	Franziska	Franziska	Franziska	Franziska	Nadia
22-6 Uhr	Sebastian	Sebastian	Sebastian	Beate	Beate	Beate	Sebastian

Ahmed arbeitet diese Woche am ____________________________________,

insgesamt ______ Stunden.

Nadia arbeitet diese Woche am ____________________________________,

insgesamt ______ Stunden.

Sebastian arbeitet diese Woche am ____________________________________,

insgesamt ______ Stunden.

Ü 1.3. Verbinden Sie die Wortteile.

Mittags- | Landrats- | Zahn- | Sach- | Früh- | Feier- | Kinder-

garten | schicht | pause | amt | bearbeiterin | ärztin | abend

Ü 1.4. Welche Vokale fehlen? a ä au äu e ei ie ü ü

Woch___nende, Sp___tschicht Erz___herin, ___ltenpfleger, B___ro,

F___erabend, Krankenh___s, Verk___ferin, Fr___hschicht

Ü 1.5. Welche Konsonanten fehlen? ch ch h ll s sch

Bau___telle ___emiker Kranken___wester

Le___rer Ke___ner Geri___t

Ü 1.6. Machen Sie eine Umfrage im Kurs: Haben Sie bereits einen Beruf? Wo und in welchem Beruf möchten Sie gerne arbeiten?

2. Arbeit und Sozialversicherung

Arbeitsbeginn: 01.04.2017

Probezeit: 3 Monate

Beruf: Verkäufer/in

Lohn: 10,50 Euro/Stunde

Arbeitsvertrag

zwischen

dem **Mini-Markt Hummel**, Plenzdorfer Straße 50, 88539 Grubtal, vertreten durch den Inhaber Hans Heinrich Hummel, im Folgenden Arbeitgeber

und

Frau Sara Baymarova, Müllerstraße 58b, 88539 Grubtal, im Folgenden Arbeitnehmerin.

Arbeitsort: Grubtal, Filiale Plenzdorfer Straße

Urlaub: 13 Tage im Jahr

§ 1 Beginn des Arbeitsverhältnisses

Die Arbeitnehmerin wird ab dem 01.04.2024 als Verkaufskraft in der Bäckerei Hummel eingestellt.

§ 2 Befristung/Beendigung des Arbeitsverhältnisses

Arbeitszeit: Teilzeit: 15 Stunden pro Woche

(1) Die Arbeitnehmerin wird ab 01.04.2024 als Teilzeitbeschäftigte mit 15 Stunden/Woche eingestellt.

(2) Das Arbeitsverhältnis ist befristet bis zum 31.03.2025.

Befristung: 1 Jahr

(3) Als Probezeit werden drei Monate vereinbart. Während dieser Zeit kann das Arbeitsverhältnis unter Einhaltung einer Frist von 2 Wochen gekündigt werden.

§ 3 Gehalt

Das Gehalt für 15 Stunden wöchentlich beträgt Euro 700,00 brutto.

Die Abzüge für Steuern und Versicherung werden vom Bruttogehalt gemäß den gesetzlichen Bestimmungen einbehalten und an die zuständigen Behörden abgeführt. Im Krankheitsfall wird das Gehalt für die Dauer von 6 Wochen fortgezahlt. Im Falle der

der Arbeitsvertrag

die Arbeitnehmerin

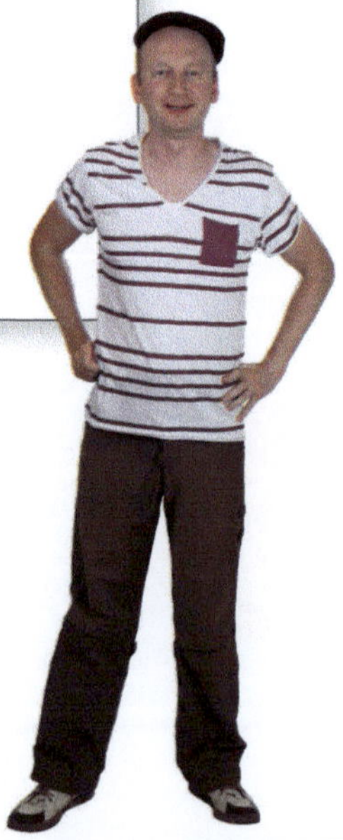

der Arbeitgeber

2.1. Arbeitsformen

Berufsausbildung →
- Arbeit lernen
- Berufsschule
- mit Lohn

Ehrenamt →
- Menschen helfen
- Arbeit
- ohne Lohn

Praktikum →
- eine Arbeit kennenlernen
- ohne oder mit Lohn

1-Euro-Job → Lohn:
- ungefähr 1 Euro pro Stunde
- Sozialleistungen vom Staat

Minijob → Lohn:
maximal 556 Euro im Monat

Arbeit in Vollzeit → ca. 40 Stunden Arbeit in der Woche

Arbeit in Teilzeit → weniger als 40 Stunden Arbeit in der Woche

2.2. Bruttolohn und Nettolohn

Bruttolohn – Sozialversicherung – Lohnsteuer = Nettolohn

Sozialversicherung
- Krankenversicherung
- Pflegeversicherung
- Rentenversicherung
- Arbeitslosenversicherung

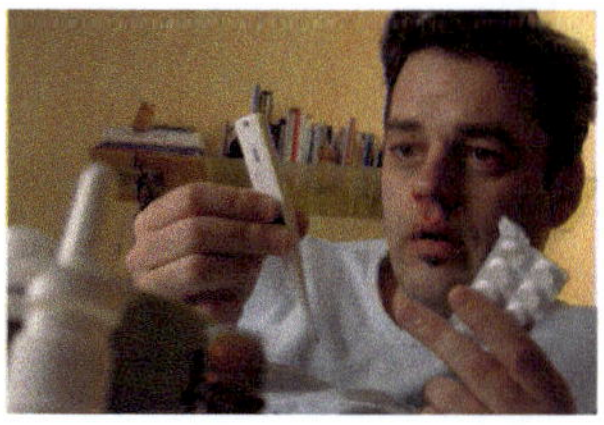

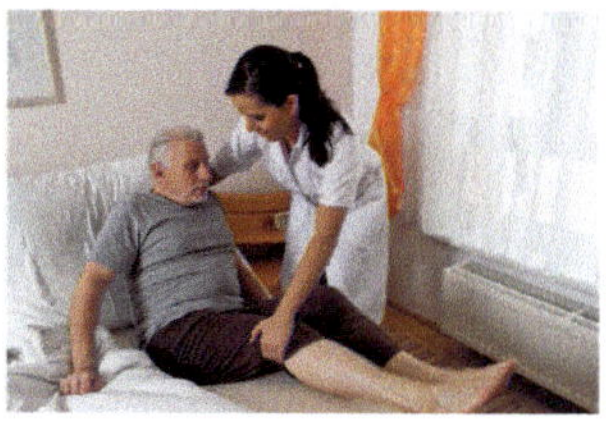

Ü 2.1. Was passt? Verbinden Sie die Arbeitsformen mit den passenden Angaben.

5 Tage pro Woche | nicht legal | Sozialversicherung | Berufsschule

das Ehrenamt | **die Berufsausbildung** | **die Vollzeitarbeit**

das Praktikum | **der Minijob** | **die Schwarzarbeit**

keine Sozialversicherung | Lohn/ Gehalt | kein Lohn/Gehalt | Maximal 566 Euro im Monat

Ü 2.3. Was steht im Ausbildungsvertrag? Ordnen Sie zu.

Ausbildungsvertrag
Arbeitgeber:
Arbeitnehmer:
Beginn der Ausbildung:
Arbeitszeit:
Berufsziel der Ausbildung:
Dauer der Ausbildung:
Bezahlung (Ausbildungsvergütung):
Probezeit:
Urlaub:

28 Tage im Jahr
3 Jahre
01.09.2024
Altenpfleger
ca. 950 Euro brutto pro Monat (ändert sich von Jahr zu Jahr)
6 Monate
Khalid Said
Seniorenheim „Am Park“
40 Stunden in der Woche

Ü 2.4. Welche Firmen/Arbeitgeber kennen Sie in Deutschland? Machen Sie eine Liste mit 10 Namen.

3. Rechte und Pflichten

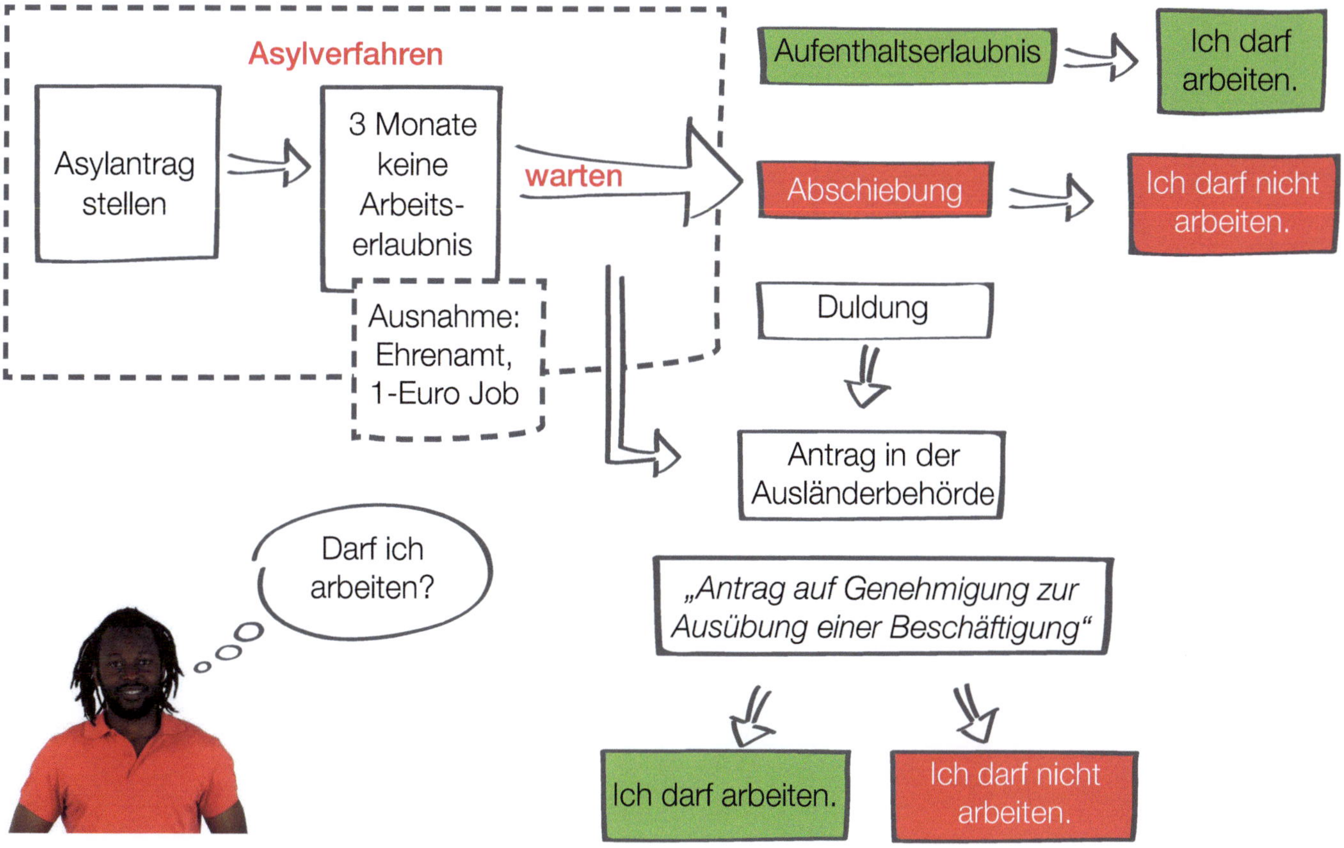

3.1. Was ist Arbeitgebern wichtig?

3.2. Welche Rechte hat der Arbeitnehmer?

Ü 3.1. Wörter aus der Arbeitswelt. Finden Sie die richtigen Kombinationen.

Arbeits-

Aufenthalts-

karte

amt

titel

zeugnis

vertrag

stelle

erlaubnis

Ü 3.2. Was macht der Arbeitgeber? Was macht der Arbeitnehmer? Verbinden Sie.

Die Arbeitnehmerin muss/kann …

Der Arbeitgeber muss/kann …

arbeiten

das Gehalt/den Lohn zahlen

Einkommensteuer/ Lohnsteuer zahlen

den Arbeitsvertrag unterschreiben

Gehalt/Lohn bekommen

die Sozialversicherung zahlen

Urlaub nehmen

kündigen = die Arbeit für diese Firma beenden

sich krank melden

Urlaub geben

pünktlich sein

eine Arbeitserlaubnis haben

Arbeit zuteilen

ein Arbeitszeugnis geben

Ü 3.3. Wo ist die nächste Ausländerbehörde und das nächste Arbeitsamt? Wie kommt man dort hin?

4. Bewerbung

- 1 die Zeitung
- 2 der Schreibtisch
- 3 die Stellenanzeige
- 4 der Computer
- 5 das Internet
- 6 die Arbeitsagentur
- 7 der Aushang
- 8 das Telefon
- 9 der Bewerber

Bäckerei Huber

Stellenangebot
Für unsere Bäckerei suchen wir ab sofort eine/einen

Verkäuferin/Verkäufer
in Vollzeit oder Teilzeit.

Bitte bewerben Sie sich schriftlich mit:
- Anschreiben
- Lebenslauf
- Zeugnissen

An:
Bäckerei Huber
Musterstraße 3
80000 München

10.1

Bewerbung um die Stelle als Ver

Sehr geehrte Damen und Herren

ich möchte gerne bei Ihnen als Verkäufer in Teilzeit arbeiten.

Mit freundlichen Grüßen
A. Mohammadi
Ali Mohammadi

Lebenslauf

Name: Ali Mohammadi
Geburtsdatum: 26.05.2000
Geburtsort: München

Adresse: Wiesenweg 12,
80009 München

Staatsangehörigkeit: deutsch
Familienstand: ledig
E-mail: mohammadi@muster.de

Schulbildung:
Grundschule: 2006 - 2010
Realschule: 2010 - 2016

Berufliche Erfahrung:
1.8.2015 – 28.08.2015
Praktikum im Supermarkt Meier

A. Mohammadi

Supermarkt Meier

Praktikumszeugnis

Herr Ali Mohammadi hat im Supermarkt Meier vom 1.8.2015 bis 28.08.2015 ein Praktikum absolviert. Wir waren mit seiner Arbeit sehr zufrieden.

E. Meier
E. Meier

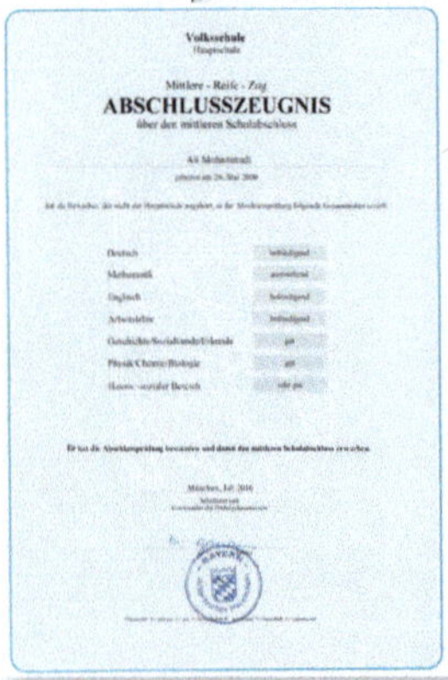
Volksschule
ABSCHLUSSZEUGNIS

4.2. Sich vorstellen

Guten Tag. Mein Name ist Fatima Buruk.

Guten Tag, Frau Buruk. Ich bin Herr Müller. Bitte nehmen Sie Platz. Sprechen Sie Deutsch?

Ja, ein bisschen. Und ich lerne jeden Tag Deutsch.

Haben Sie Berufserfahrung?

Ja, ich habe zwei Jahre als Kellnerin gearbeitet.

Ü 4.1. Wohin gehört die Information? Machen Sie Pfeile.

Lebenslauf

Name:
Geburtsdatum:
Geburtsort:
Adresse:

Staatsangehörigkeit:
Familienstand:
E-Mail:
Schulbildung:

Berufliche Erfahrung:

Max Merkel
1.8.2015 – 28.08.2015 Praktikum im Supermarkt
München
Deutscher
ledig
m.merkel@muster.de
Unterschrift
Foto
26.05.2000
Grundschule: 2006 – 2010
Realschule: 2010 - 2016
Wiesenweg 12, 80009 München

Ü 4.2. Beim Vorstellungsgespräch. Welche Antworten passen zu den Fragen? Verbinden Sie.

Was sind meine Aufgaben?

Wie viele Stunden Arbeit sind es in der Woche?

Wie viel Lohn bekomme ich?

Welche Sprachen sprechen Sie?

Was haben Sie zuvor gearbeitet?

Wann können Sie beginnen zu arbeiten?

Ich spreche Arabisch, Englisch und ein bisschen Deutsch.

1800 Euro brutto.

Ich habe fünf Jahre in einer Autowerkstatt gearbeitet.

Sofort.

Montag bis Freitag von 8:00 Uhr bis 17:00 Uhr.

Autos reparieren, den Kundendienst machen.

Ü 4.3. Was brauchen Sie für die Bewerbung? Schreiben Sie die Zahlen in die Bewerbungsmappe.

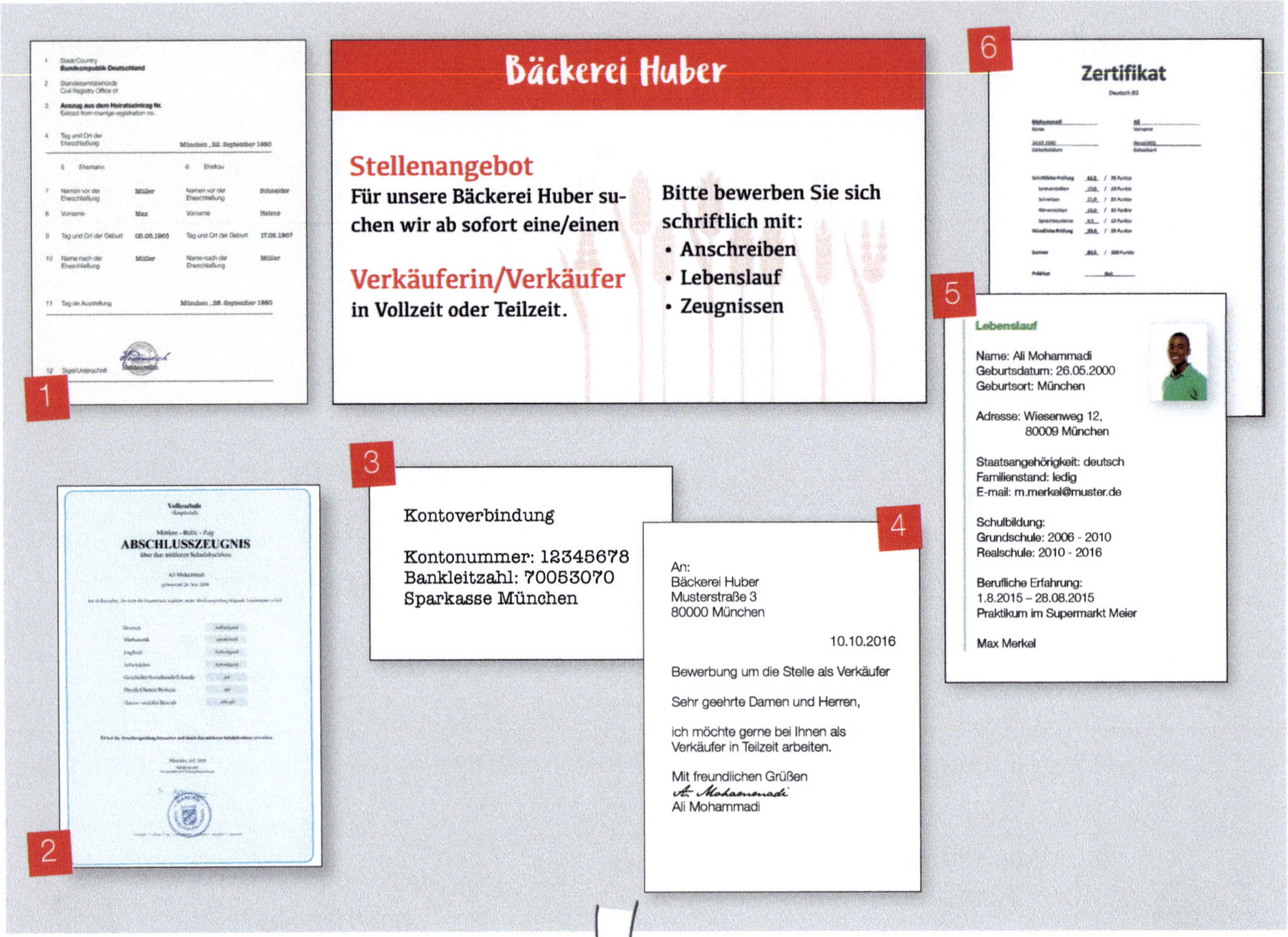

Ü 4.4. Schreiben Sie einen Lebenslauf.

Zum Kapitel

Thematische Schwerpunkte

Grundrechte, Gleichberechtigung, Religionsfreiheit, Feiertage, wichtige Gesetze und Verbote

Hintergrundinformationen

Die Bundesrepublik Deutschland ist ein demokratischer und sozialer Rechtsstaat. Demnach erfährt das Handeln von Regierung und Verwaltung durch die geltenden gesetzlichen Regelungen seine Grenzen, wodurch staatliche Willkür ausgeschlossen wird. Zu den Wesensmerkmalen des Rechtsstaatsprinzips zählen insbesondere die bedingungslose Achtung der Grundrechte durch alle Organe der Staatsgewalt, die Gewaltenteilung und damit die Unabhängigkeit der Justiz sowie die Gleichbehandlung durch das Gesetz ohne Einfluss von Geschlecht, Herkunft oder sexueller Orientierung.

Vor diesem Hintergrund werden nach einem einführenden Überblick zu den wichtigsten Grundrechten exemplarisch die Gleichbehandlung von Mann und Frau und die Religionsfreiheit dargestellt.

Zentrale Handlungen in diesem Bereich sind:

- Grundrechte des deutschen Grundgesetzes kennen
- auf Gleichbehandlung und Gleichberechtigung von Mann und Frau achten
- die Rolle von Religion in Deutschland kennen
- sich der Konsequenzen von Regelverstößen und Gesetzesbrüchen bewusst sein

Vermittlungshinweise

Machen Sie darauf aufmerksam, dass sich der deutsche Staat auch bei der Bearbeitung der Asylanträge in jedem Einzelfall an die Regelungen des Asylgesetzes zu halten hat und damit staatliche Willkür oder Bestechung ausgeschlossen wird. Die Rechtmäßigkeit von Antragsablehnungen kann im Zweifel bei den zuständigen Verwaltungsgerichten durch Klageerhebung überprüft werden. Hierfür sollte ein fachkundiger Anwalt zu Rate gezogen werden.

Die rechtliche Situation von Asylbewerbern und Flüchtlingen ist sehr komplex, weshalb Laien auf Rechtsberatung lieber verzichten sollten. Allgemeine Beratung bieten die Migrationsberatungsstellen (z.B. Caritas).

Stellen Sie bei der Behandlung des Themas Gleichberechtigung die rechtliche, berufliche und gesellschaftliche Gleichstellung der Frau in den Vordergrund. Das klassische Bild von Hausfrau und berufstätigem Ehemann ist längst aufgebrochen. Die Politik versucht etwa durch Einführung der Frauenquote für Aufsichtsratsposten, die Gleichbehandlung weiter voranzutreiben, wenngleich eine vollständige Gleichbehandlung noch nicht erreicht ist.

Die sensiblen Themen Religion und Homosexualität sollten auf jeden Fall thematisiert werden, aber so sachlich wie möglich. Weisen Sie darauf hin, dass die homosexuelle Partnerschaft seit 2001 in den rechtlichen Rahmen einer eingetragenen Lebenspartnerschaft überführt werden kann, welche mit Ausnahme des Adoptionsrechts einer weitgehenden rechtlichen Gleichstellung mit der Ehe entspricht. Zeigen Sie beim Thema Justiz und Polizei, dass Selbstjustiz in jedem Fall verboten ist.

Linktipps

- Informationsseiten der Bundeszentrale für politische Bildung in leichter Sprache (z.B. zu Grundgesetz, Rechten von Geflüchteten): www.bpb.de/die-bpb/informationen-in-leichter-sprache/
- Video in 14 Sprachen zur Anhörung, vom Kölner Flüchtlingsrat: www.asylindeutschland.de

1. Grundwerte und Grundrechte

der Hunger

die Gewalt

die Zensur

die Verfolgung

der Krieg

die Flucht

der Frieden

die Sicherheit

die Freiheit

die Gleichheit

die Rechte

die Gesetze

die Verbote

1.1. Rechte und Freiheiten

Ich sage, was ich denke. = die Meinungsfreiheit

Ich darf glauben, was ich möchte. = die Religionsfreiheit

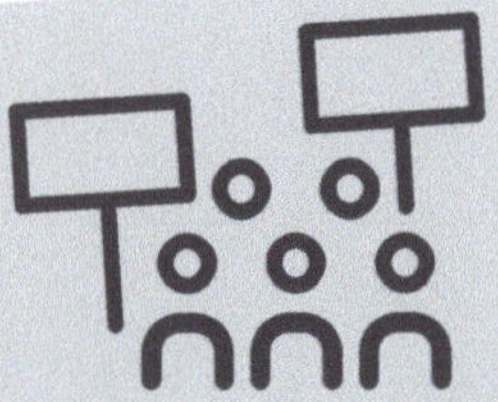

Wir dürfen uns treffen. = das Versammlungsrecht

Ich kann Politik mit entscheiden. = das Wahlrecht

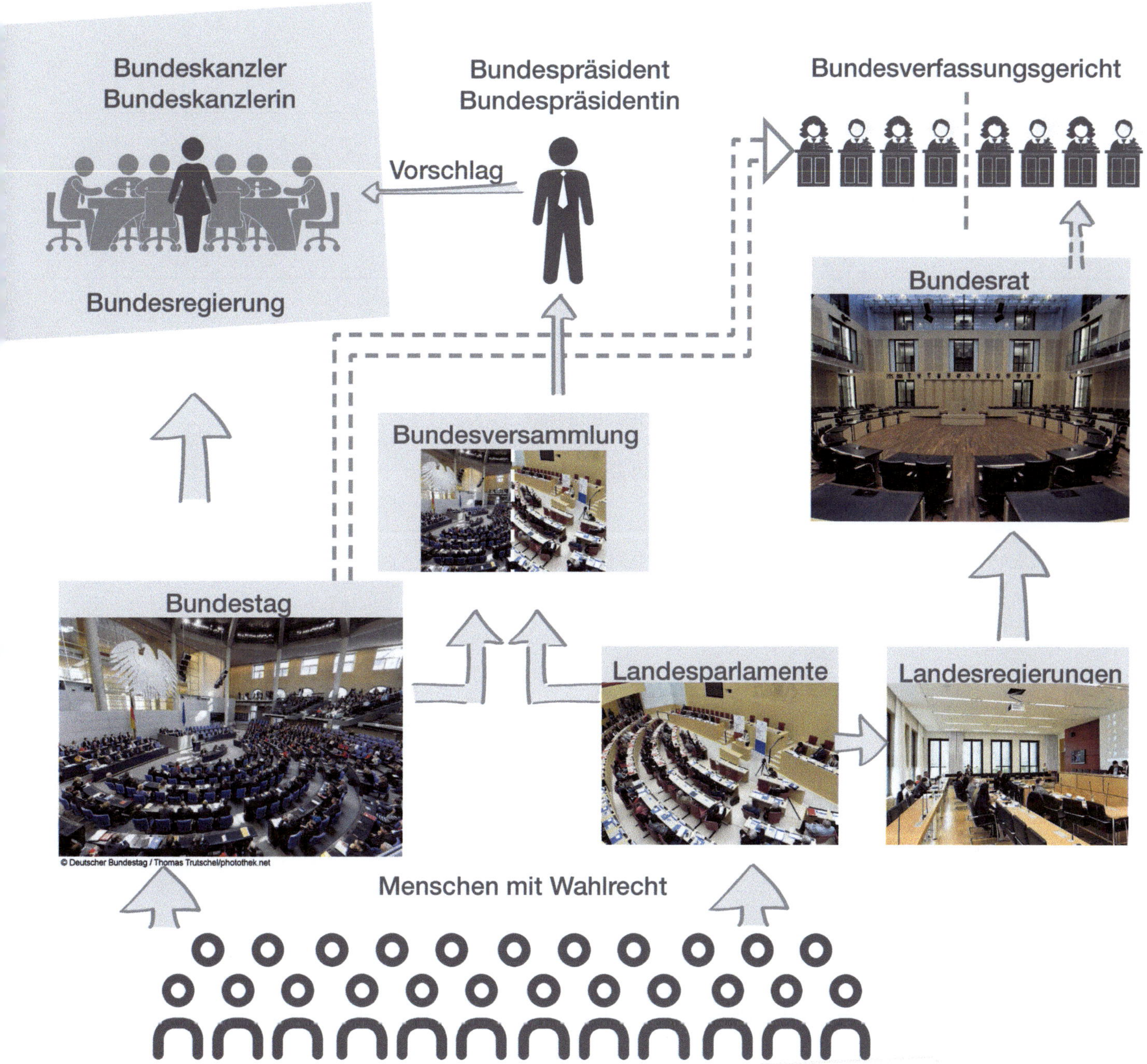

Es gibt viele Freiheiten in einer Demokratie.
Aber alle Menschen müssen:

- die Freiheit von anderen respektieren.
- die Gesetze beachten.

Ü 1.1. Was gibt es in Deutschland? Kreuzen Sie an.

In Deutschland gibt es...

...die Meinungsfreiheit.	X
...das Versammlungsverbot.	
...Krieg.	
...die Religionsfreiheit.	
...die Wahlpflicht.	
...das Recht auf Bildung.	
...die Pressefreiheit.	
...eine Diktatur.	

Ü 1.2. Was ist erlaubt? ✓ Was ist verboten? ⃠

die Bestechung   die Beleidigung   das Wahlrecht   die Waffe

die Religionsfreiheit   die Körperverletzung

Ü 1.3. Was gehört zur Demokratie in Deutschland? Kreisen Sie ein.

das Wahlrecht für Frauen   das Wahlrecht für Männer   das Wahlrecht für Asylbewerber

die Bestechung   das Wahlrecht für Kinder   der Bundespräsident/ die Bundespräsidentin   die politischen Parteien

der König/ die Königin   der Bundestag   das Europaparlament

der Bundeskanzler/ die Bundeskanzlerin   die Industrie   die Zensur

2. Gleichberechtigung von Mann und Frau

gleiche Bildung für Mann und Frau

gleiche Hobbys für Mann und Frau

Wahlrecht für Mann und Frau

Kindererziehung: Mann und Frau

freie Berufswahl für Mann und Frau

freie Kleidungswahl für Mann und Frau

Frau = Chefin

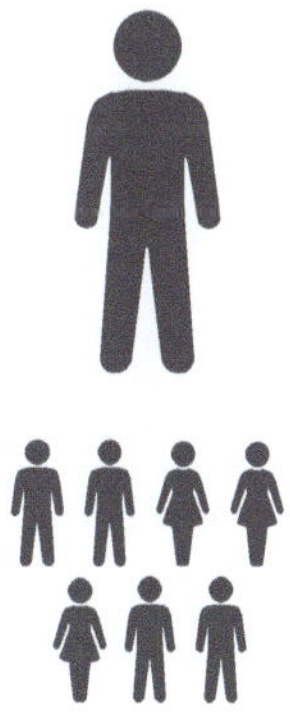

Mann = Chef

2.1. Gleichberechtigung in der Partnerschaft

Auch in der Partnerschaft sind
Mann und Frau gleichberechtigt.

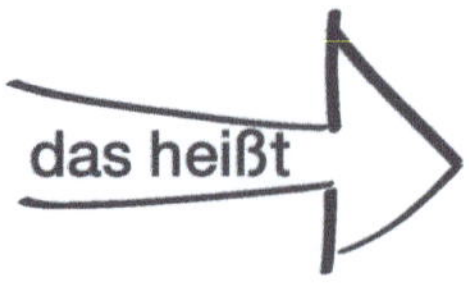

Der Mann darf die Frau nicht schlagen.
Die Frau darf den Mann nicht schlagen.

Die Frau darf ihre Meinung sagen.
Der Mann darf seine Meinung sagen.

Der Mann darf selbst entscheiden.
Die Frau darf selbst entscheiden.

2.2. Formen von Zusammenleben

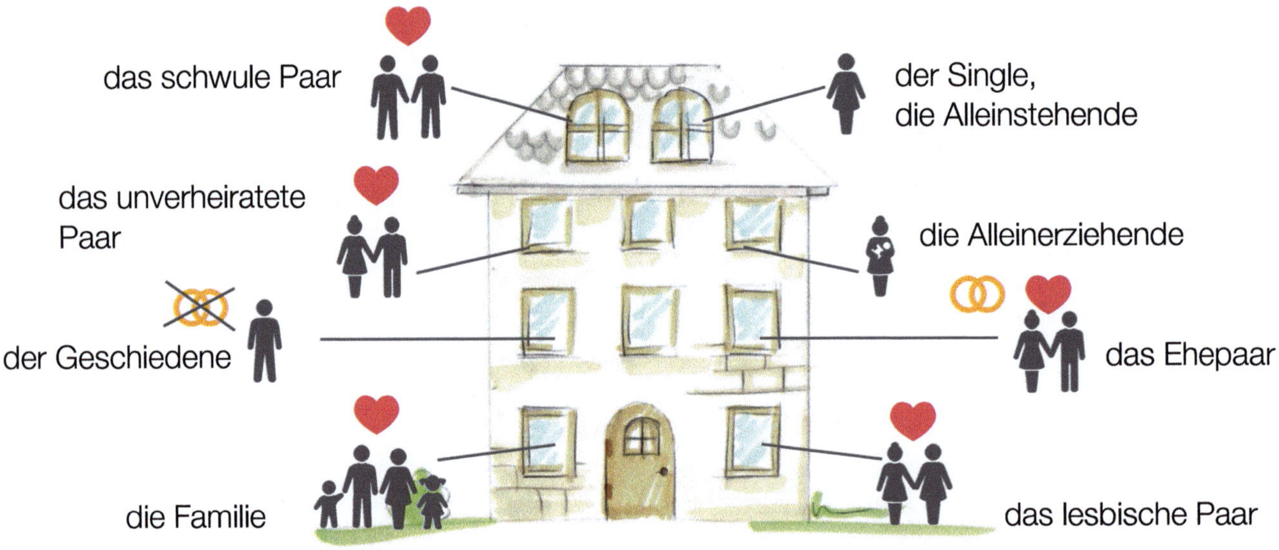

Den Familienstand angeben:
Ich bin…

- verheiratet
- ledig (= nicht verheiratet)
- geschieden
  (= nicht mehr verheiratet)
- verwitwet (= Mann/Frau ist tot)

Es gibt auch die gleich-
geschlechtliche Ehe für
homosexuelle Paare
(= schwul oder lesbisch).

Ü 2.1. Dürfen diese Personen in Deutschland heiraten? Schreiben Sie *ja* oder *nein*.

Amir (30)

Rabia (13)

Saida (18)

Justus (25)

Amir ♥ Justus	
Saida ♥ Justus	
Rabia ♥ Amir	
Justus ♥ Maria ♥ Saida	
Maria ♥ Amir ♥ Justus	
Maria ♥ Amir	
Yara ♥ Justus	
Halim ♥ Rabia	

Ü 2.2. Welche Wörter passen? Verbinden Sie.

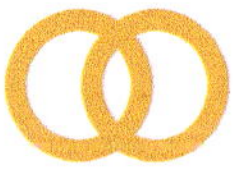

ledig

verheiratet

alleinerziehend

geschieden

verwitwet

alleinstehend

unverheiratet

verliebt

verlobt

Ü 2.3. Was dürfen Frauen und Männer? ✓ Was dürfen Frauen und Männer nicht? ⊘

	Ehepartner schlagen	Chef sein	Auto fahren	Kinder schlagen	Kinder erziehen	kochen	Fußball spielen
	☐	☐	☐	☐	☐	☐	☐
	☐	☐	☐	☐	☐	☐	☐

3. Religion

1 der Weihnachtsbaum
2 das Geschenk
3 die Kerze
4 der Kamin
5 der Schlitten
6 das Feuer
7 das Holz
8 die Lichterkette
9 der Weihnachtsschmuck
10 Weihnachten
11 der Feiertag

10

11

3.1. Christliche und gesetzliche Feiertage

Christliche Feiertage	Gesetzliche Feiertage
Weihnachten	Neujahr
Ostern	Tag der deutschen Einheit
Pfingsten	Tag der Arbeit

Nicht nur Christen feiern Weihnachten. Auch viele Atheisten und Muslime.

3.2. Religiöse Vielfalt

In Deutschland leben ca. 82 Millionen Menschen.

50 Millionen Christen

4 Millionen Muslime

0,3 Millionen Buddhisten

0,1 Millionen Juden

26 Millionen Atheisten

3.3. Religion und Staat

In Deutschland gibt es keine Staatsreligion. Alle Religionen sind gleichberechtigt.

Heiraten in Deutschland
- staatlich (Standesamt) = gesetzlich anerkannt
- religiös (z.B. Kirche) = gesetzlich nicht anerkannt

In Deutschland sind staatliche Gesetze wichtig. Religiöse Regeln spielen vor Gericht keine Rolle.

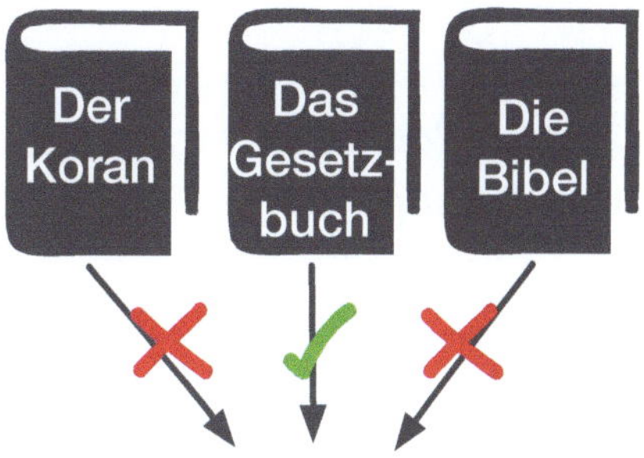

das Gerichtsurteil

Ü 3.1. Feiertage in Deutschland. Wann sind sie dieses Jahr? Suchen Sie das Datum in einem Kalender.

Neujahr	1. Januar
Rosenmontag	______
Ostern	______
Tag der Arbeit	______
Muttertag	______
Tag der deutschen Einheit	______
Nikolaus	______
Weihnachten	______
Ihr Geburtstag	______

Ü 3.2. Über Religionen sprechen. Was passt nicht? Streichen Sie das Wort durch.

die Kirche • die Moschee • die Synagoge • ~~die Behörde~~

die Bibel • das Wörterbuch • die Thora • der Koran

christlich • katholisch • evangelisch • ledig • muslimisch • jüdisch • atheistisch

Weihnachten • Allerheiligen • Ostern • Pfingsten • Neujahr

Pfarrer • Priester • Papst • Politiker • Rabbi • Imam

Ü 3.3. Welche Feiertage gibt es in Ihrem Bundesland noch? Notieren Sie auch das Datum.

4. Die deutsche Justiz

1	die Gerichtsverhandlung	6	die Zeugin
2	der Richter	7	der Beweis
3	der Verteidiger	8	der Polizist
4	der Staatsanwalt	9	die Gerichtsschreiberin
5	der Angeklagte	10	das Publikum

4.1. Wichtige gesetzliche Verbote

Sachbeschädigung ist verboten. | Diebstahl ist verboten. | Beleidigung ist verboten. | Gewalt ist verboten. | Drogen sind verboten. | Waffen sind verboten.

4.2. Den Täter bestrafen

4.3. Die Polizei anrufen: 110. Wer? Was? Wo?

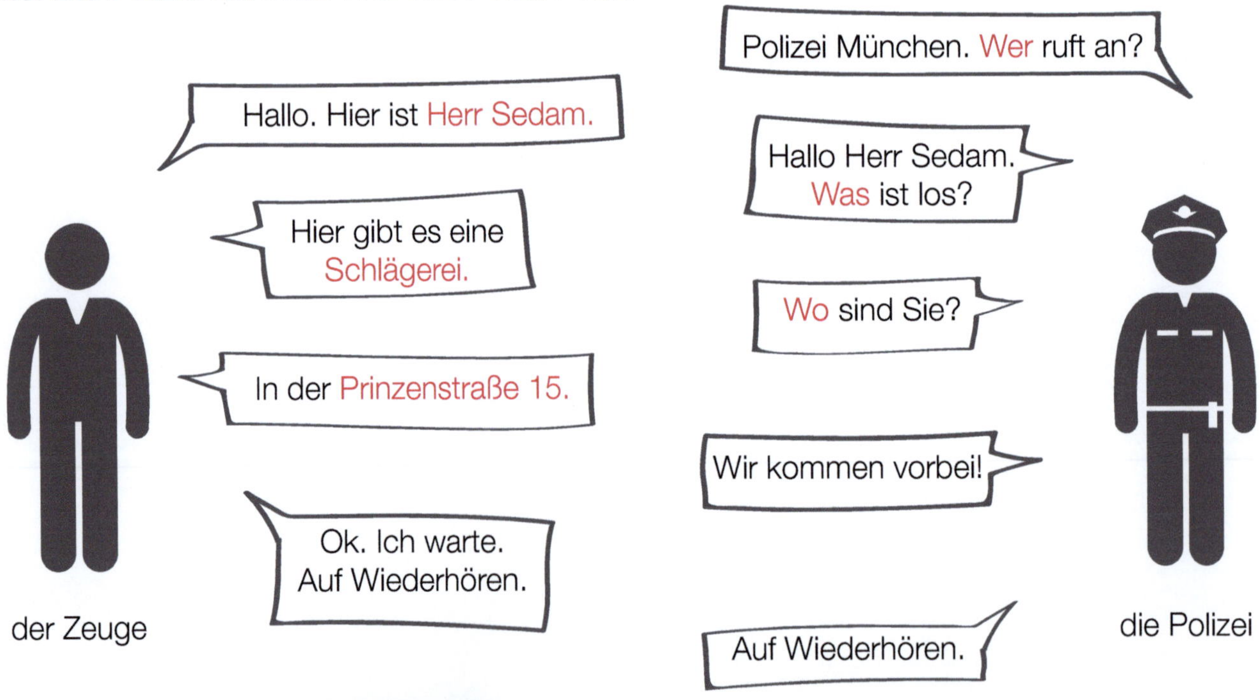

Ü 4.1. Was ist die richtige Reihenfolge? Schreiben Sie die Zahlen 1-6 in die Kästchen.

das Gerichtsverfahren	der Freispruch	die Verhaftung	der Diebstahl	Hilfe holen	das Urteil
☐	☐	☐	1	☐	☐

Ü 4.2. Was ist das? Verbinden Sie. Ist das erlaubt oder verboten? Setzen Sie ✓ oder ⃠.

die Drogen	die Körperverletzung	der Diebstahl	die Polizei rufen	das Küssen
☐	☐	☐	☐	☐

Ü 4.3. Die Polizei anrufen. Bringen Sie die Sätze in die richtige Reihenfolge.

1	„Hallo. Hier ist Frau Maier."
	„Ich warte. Auf Wiederhören."
	„Hier ist ein Dieb."
	„In der Adlerstraße 115."

	„Wo sind Sie?"
	„Wir kommen! Warten Sie!"
	„Hallo Frau Maier. Was ist passiert?"
1	„Polizei München. Wer ruft an?"

Ü 4.4. Wo ist die nächste Polizeistation? Notieren Sie die Adresse.

Alphabet

A a **A**rbeit	**B b** **B**erlin	**C c** **C**ent **C**omputer	**D d** **D**eutschland	**E e** **e**ssen
F f **F**rau	**G g** **g**roß	**H h** **H**aus	**I i** **I**ntegration	**J j** **j**a
K k **K**ind	**L l** **L**and	**M m** **M**ünchen	**N n** **n**ein	**O o** **o**ffen
P p **P**reis	**Q q** **Q**ualifikation	**R r** **R**aum	**S s** **s**ieben	**T t** **T**isch
U u **U**nterkunft	**V v** **v**ier **V**egetarier	**W w** **W**ort	**X x** ma**x**imal	**Y y** As**y**l
Z z **z**wei	**Ä ä** **Ä**rztin	**Ö ö** h**ö**ren	**Ü ü** Fl**ü**chtling	**ß** Stra**ß**e

besondere Formen

au	H**au**s, **Au**to	ei	zw**ei**, dr**ei**, n**ei**n	chs	we**chs**eln
äu	H**äu**ser	ie	v**ie**r, s**ie**ben, Famil**ie**	h	**H**aus, ze**h**n, ge**h**en
eu	**Eu**ro	ch	**Ch**ina, Flü**ch**tling, a**ch**t	sp	**Sp**ort, **Sp**rache, E**sp**resso
oi	T**oi**lette	sch	**Sch**ule	st	**St**adt, **St**raße, i**st**

0	1	2	3	4
null	eins	zwei	drei	vier
5	**6**	**7**	**8**	**9**
fünf	sechs	sieben	acht	neun

10	zehn	20	zwanzig	30	dreißig
11	elf	21	einundzwanzig	40	vierzig
12	zwölf	22	zweiundzwanzig	50	fünfzig
13	dreizehn	23	dreiundzwanzig	60	sechzig
14	vierzehn	24	vierundzwanzig	70	siebzig
15	fünfzehn	25	fünfundzwanzig	80	achtzig
16	sechzehn	26	sechsundzwanzig	90	neunzig
17	siebzehn	27	siebenundzwanzig	100	hundert
18	achtzehn	28	achtundzwanzig	200	zweihundert
19	neunzehn	29	neunundzwanzig	300	dreihundert

Kiel
SCHLESWIG-
HOLSTEIN
MECKLENBURG-
VORPOMMERN
Schwerin
HAMBURG
BREMEN
BERLIN
NIEDER-
SACHSEN
Hannover
Magdeburg
Potsdam
BRANDENBURG
SACHSEN-
ANHALT
NORDRHEIN-
WESTFALEN
Düsseldorf
Erfurt
SACHSEN
Dresden
THÜRINGEN
HESSEN
Wiesbaden
RHEINLAND-
PFLAZ
Mainz
Nürnberg
Saarbrücken
SAARLAND
Stuttgart
BAYERN
BADEN-
WÜRTTEMBERG
München

Zeit (Dauer)	**Aktivität** (Was machen die Teilnehmer? Was macht der Kursleiter?)	**Lernmaterial, Medien und Hilfsmittel** (z.B. Buch, Tafel, Postkarten)	**Arbeitsform** (z.B. Gruppenarbeit, Partnerarbeit, alleine)

Material – Links – Literatur – Fortbildungen

Zum Thema Deutschunterricht mit Geflüchteten:

Roche, Jörg (2016):
Deutschunterricht mit Flüchtlingen. Grundlagen und Konzepte
Tübingen: narr, ISBN: 978-3-8233-8055-9.

Roche, Jörg (2013):
Fremdsprachenerwerb – Fremdsprachendidaktik
Tübingen: narr, ISBN: 9783825240387.

www.sprache-ist-integration.de
Blog von Katrin Gildner mit Informationen für Ehrenamtliche,
die Deutschunterricht für Flüchtlinge und Asylsuchende anbieten möchten.

Materialien Online und zum Download (Auswahl):

www.babadada.com
Online-Bildwörterbuch, nach Themen sortiert, mit Übersetzungen in viele Sprachen
(darunter auch Dari, Farsi, Somali und Tigrinya).

www.deutsch.fit/Deutschkurs
Deutschkurs Klosterneuburg: Übungshefte nach Levels sortiert, mit Übungen zum Schreiben und Grammatik.

www.deutsch-uni.com
Deutsch-Uni Online: Lernprogramm von A1 bis C1 zur Vorbereitung auf Studium und Beruf,
kostenfrei für Asylbewerber in Bayern.

www.goethe.de/de/spr/ueb/led.html?wt_sc=lerndeutsch
Lern Deutsch - Stadt der Wörter: Wortschatz-App des Goethe Instituts.

www.goethe.de/mwnd
Mein Weg nach Deutschland: Übungen mit Lehrerhandreichungen auf Niveau A1.

www.goethe.de/de/spr/ueb/daa.html?wt_sc=deutschamarbeitsplatz
Deutsch am Arbeitsplatz: Online-Übungen zur Kommunikation im Beruf, vom Goethe Institut.

www.klett-sprachen.de/download/8638/W100255_Refugees_Welcome_Wortschatz.pdf
Refugees Welcome. Erste-Hilfe-Wortschatz für den Start:
Wortschatz- und Redemittellisten vom Klett-Verlag in Deutsch, Englisch, Französisch und Arabisch.

Fortbildungen für ehrenamtliche Kursleiter:

www.lernen-lehren-helfen.de
Lernen – Lehren – Helfen: Fortbildungsprojekt des Vereins zur Förderung von Deutsch als Wissenschaftssprache e.V. und des des Bayerischen Staatsministerium des Innern, für Sport und Integration.

www.lagfa-bayern.de/projekte-der-lagfa/sprache-schafft-chancen
Sprache schafft Chancen: Projekt der LAGFA Bayern, das Deutschkurse von Ehrenamtlichen unterstützt.

www.goethe.de/lrn/prj/for/kur/guk/deindex.htm
Fernkurs des Goethe Instituts: DaF Grundlagen und Konzepte.

Zum Thema Asyl:

www.asyl.net
Umfangreiche Seite vom Informationsverbund Asyl & Migration e.V.
vor allem zu rechtlichen Fragen, Beratungsangeboten und mehr.

www.fluechtlingsrat-bayern.de
Die Seite des bayerischen Flüchtlingsrats mit aktuellen Nachrichten, Informationen, Materialien, Links und mehr.

Zum Thema Leben in Deutschland:

www.ankommenapp.de/
Ankommen-App: vom BAMF, BR, Goethe Institut und BfA.

www.integreat-app.de
App als Alltagsguide für Geflüchtete, angeboten von der Kommune.

www.refugeeguide.de
Refugee-Guide: Orientierungshilfe für das Leben in Deutschland von Studenten und Doktoranden aus Hamburg, online oder als Broschüre in 17 Sprachen.

www.youtube.com/channel/UChEFKxiQ6KlZfc7C1klRp2Q
Deutschland für Anfänger: Video-Blog auf Deutsch und Arabisch.

LERNEN - LEHREN - HELFEN
Ersthelfer-Leitfaden für Ehrenamtliche
Materialien zur sprachlichen und
kulturellen Orientierung in Deutschland

Impressum

Projekt Lernen – Lehren – Helfen
Verein zur Förderung von Deutsch
als Wissenschaftssprache e.V.
Innsbrucker Ring 15
81673 München
Tel.: 0157-55154354

Herausgeber: Prof. Dr. Jörg Roche

Konzeption: Jörg Roche, Anne Biedermann
und die Fachschaft DaF der LMU

Koordination: Anne Biedermann

Redaktion: Anne Biedermann, Corinna Niederreiter,
Brigitte Fisher

Ausarbeitung: Selma Bastah, Nurida Bayramova,
Anne Biedermann, Micaela Binner, Raphael Dick, Daniel Echter,
Brigitte Fisher, Michael Frotscher, Edona Neziri,
Corinna Niederreiter, Vendula Pavlacka, Andrea Pletz, Mitra
Shateri, Sarah Siedelahl-Anees, Daniela Steffan, Nigar Zahidli

Gestaltung: Schinagl Graphic-Design | www.schinagl-design.de

Beratung: Andrea Neulinger, Angela Parvanta,
Mohcine Ait Ramdan mit dankenswerter Unterstützung
verschiedener Helferkreise in Bayern

Bildquellen:
ABDA: S. 12, 13, 74; ALDI SÜD: S. 15; AOK-Mediendienst: S. 69, 70, 71, 73, 89, 116, 117, 122; BARMER: S. 69, 70, 71, 73; BMI: S. 79; Bildarchiv Bayer. Landtag/Fotograf Rolf Poss: S. 137; Bundesrat: S. 137; Bundesverband Deutsche Tafel e.V./ Dagmar Schwelle: S. 81, 83; Deichmann: S. 10, 12; Deutscher Bundestag/Thomas Trutschel/photothek.net: S. 137; Deutscher Sparkassenverlag: S. 16, 17; EDEKA: S. 10, 12, 89; Ernsting's family: S. 10, 120; fotolia.com: S. 11, 16, 58, 60, 79, 81, 83, 87, 89, 107, 114, 115, 116, 122, 125, 136, 137, 138, 139, 140, 141; Galeria Kaufhof GmbH: S. 10, 12; g.a.s.t./Deutsch-Uni Online: S. 100/Robert Haas, S. 101/Lutz Kampert; Hornbach: S. 10, 12; Johanniter/Tobias Grosser: S. 66; MediaMarkt-Saturn Retail Group: S. 12; Polizei Bayern, www.polizei.bayern.de: S. 66; REWE Group: S. 10, 12, 117; Ronald Grunert-Held/ Veitshöchheim: S. 10, 11, 12, 16, 19, 22, 23, 25, 26, 27, 28, 29, 30, 31, 32, 33, 39, 40, 42, 43, 44, 47, 48, 49, 53, 54, 59, 61, 62, 63, 84, 85, 88, 92, 93, 94, 97, 99, 106, 107, 109, 120, 129; Rossmann: S. 10, 12; shutterstock.com; S. 10, 11, 13, 16, 18, 19, 24, 37, 38, 39, 40, 41, 45, 46, 47, 56, 58, 59, 60, 66, 67, 68, 69, 70, 72, 73, 74, 79, 80, 81, 83, 85, 86, 87, 88, 95, 98, 99, 107, 109, 110, 113, 114, 115, 116, 117, 120, 121, 122, 124, 127, 128, 130, 131, 132, 136, 137, 138, 141, 142, 144, 145, 146, 147; StMAS: S. 3; SWM: S. 85, 86; Techniker Krankenkasse/TK: S 69, 70, 125; vinzenzmurr: S. 10; Weiteres Bildmaterial: Privat; Theresa Schinagl

Bibliografische Information der Deutschen Nationalbibliothek:
Die Deutsche Nationalbibliothek verzeichnet diese Publikation in der Deutschen Nationalbibliografie; detaillierte bibliografische Daten sind im Internet über http://dnb.dnb.de abrufbar.

Gedruckt auf säurefreiem und alterungsbeständigem Werkdruckpapier.

Printed in Germany

ISBN 978-3-8233-8172-3

veränderter Nachdruck, September 2025
1. Auflage München, Juli 2017